EDITION

graafmann & schreck

EINE MARKE VON **WEIN-PLUS**

DAS KOCHBUCH DER GENERATION RIESLING

So kochen junge Winzer

INHALTSVERZEICHNIS
DER REGIONEN & REZEPTE

_____

Weitere Themen

Vegetarisch

Fleisch

Geflügel

Wild

Fisch

Meeresfrüchte

LIEBE LESERIN,
LIEBER LESER,

Sie halten die zweite Ausgabe des Wein-Kochbuchs der „Generation Riesling" in Händen. Zwei Jahre nach Erscheinen der ersten Ausgabe, die mit dem „Gourmand World Cookbook Award 2017" als bestes deutsches Weinbuch ausgezeichnet wurde, stellen wieder rund 60 junge Winzerinnen und Winzer ihre Lieblingsrezepte vor und empfehlen dazu einen passenden Wein aus ihrem aktuellen Sortiment.

In der „Generation Riesling" haben sich rund 600 junge deutsche Winzerinnen und Winzer bis 35 Jahre zusammengeschlossen. Damit ist die Vereinigung, die 2006 vom Deutschen Weininstitut ins Leben gerufen wurde, die größte Jungwinzer-Organisation der Welt. Die Mitglieder sind hochqualifiziert, konsequent qualitätsorientiert und international erfahren. Sie tauschen sich untereinander aus und präsentieren ihre Weine – beileibe nicht nur Riesling – alljährlich auf zahlreichen Veranstaltungen für Handel, Gastronomie und Medien.

Unter den Mitwirkenden sind diesmal auch zwei Majestäten: Laura Lahm aus Rheinhessen ist Deutsche Weinprinzessin 2017/2018, Julia Baltes (geb. Bertram) war Deutsche Weinkönigin 2012/2013. Die Rezepte sind so unterschiedlich wie die Winzerzinnen und Winzer selbst und bieten ein breites Spektrum – von der einfachen Mahlzeit für jeden Tag bis zum raffinierten Festtagsschmaus. Dabei ergibt sich eine bunte Mischung aus Fleisch-, Fisch-, Gemüse- und Pilzgerichten, mitunter auch mal asiatisch oder orientalisch angehaucht: Die Vielfalt reicht von Salaten, Pasta, Quiches und Burgern über Klassiker wie Wiener Schnitzel und Sauerbraten bis zu ausgefallenen Rezepten wie Rehrücken mit Haselnusskruste oder flambierten Jakobsmuscheln mit Rieslingschaum.

„So kochen junge Winzer" ist Koch- und Weinbuch in einem und gibt insofern einen Einblick in die Weinkultur und die typische Küche einer Region und sogar eines Weinguts. Die mitwirkenden Winzerinnen und Winzer kommen aus fast allen heimischen Anbaugebieten und sind gemäß ihrer Herkunft im Buch verzeichnet.

Jedes Weinbaugebiet wird am Beginn des jeweiligen Kapitels kurz vorgestellt; danach erscheinen die Weingüter jeweils in der Reihenfolge der Rezeptkategorien (siehe Inhaltsverzeichnis Seite 5) mit ihrem Gericht, ihrem Kurzporträt und ihrem Wein.

Deutscher Wein liegt im Trend: 2016 stammten rund 45 Prozent aller in Deutschland verkauften Weine aus heimischem Anbau, beim Umsatz hatten die deutschen Erzeuger mit 51 Prozent Marktanteil die Nase vorn. Gerade bei einem jüngeren Publikum werden die Gewächse aus den deutschen Weinregionen immer beliebter. Und die Weinbaugebiete sind auch besonders empfehlenswerte Urlaubs- und Ausflugsregionen! Der Tourismus rund um das Thema Wein hat sich in vielen deutschen Anbaugebieten in den letzten Jahren positiv entwickelt und stellt nicht zuletzt für ländliche Regionen ein wichtiges Standbein dar.

Wir freuen uns daher, wenn Sie auch vor Ort die Gelegenheit nutzen, unsere Winzerinnen und Winzer und ihre jeweilige Heimatregion kennenzulernen. Im Buch verraten die Mitwirkenden daher auch ihre individuellen „Geheimtipps" für Restaurants, Hotels und Ausflugsziele in unmittelbarer Nähe zum Weingut. Es wartet eine Vielfalt an Qualitätsweinen, touristischen Angeboten, kulturellen Sehenswürdigkeiten sowie kulinarischen Köstlichkeiten darauf, entdeckt zu werden – präsentiert von den Menschen der Region, authentisch und persönlich.

Wir haben alle hier präsentierten Rezepte nachgekocht und alle vorgestellten Weine verkostet und professionell beschrieben. Diese sensorische Weinbeschreibung wird ergänzt um Hintergrundinformationen zum Weingut und zur Winzerin bzw. zum Winzer sowie um alternative Weinempfehlungen, falls der konkret ausgewählte Wein nicht (mehr) erhältlich ist. Fotos von den Gerichten und Weinen sowie den Personen geben dem Wein und dem Rezept im wahrsten Sinne des Wortes ein Gesicht.

Bei unserer Verkostung fanden wir die hohe Qualität der deutschen Weine erneut bestätigt. Der hohe Ausbildungsstand, die internationale Erfahrung und das Qualitätsstreben der neuen Winzergeneration machen sich bemerkbar und bezahlt: Die meisten jungen Verantwortungsträger in der deutschen Weinwirtschaft haben eine Lehre und ein Studium abgeschlossen und waren nicht nur in deutschen Weinbauregionen und im europäischen Ausland, sondern auch in Übersee tätig. Das schafft nicht zuletzt eine stärkere Wahrnehmung und Nachfrage der deutschen Weine bei den Konsumenten – bei Ihnen, liebe Leserinnen und Leser.

Lassen Sie sich in diesem Sinne inspirieren und zum Genuss verführen! Die „Generation Riesling" hat in den vergangenen zwölf Jahren viel erreicht und noch Großes vor sich. Angesichts dessen, was Sie in diesem Buch finden, können die Nachwuchswinzerinnen und -winzer sehr positiv in die Zukunft blicken.

Wir wünschen Ihnen viel Vergnügen
und gutes Gelingen
beim Nachkochen und Genießen!

WEINREGION AHR

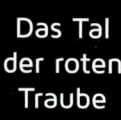

Weinregion Ahr
Das Tal der roten Traube

Die Ahr ist mit 561 Hektar Rebfläche eines der kleinsten Weinanbaugebiete Deutschlands. An den Steilhängen über dem Fluss gedeihen vor allem rote Trauben. Doch nicht nur die Liebhaber eines exzellenten Roten pilgern gern ins Rotweinparadies Deutschlands.

Bereits die Römer wussten die klimatischen Vorteile des wild-romantischen Ahrtals zu schätzen und pflanzten die ersten Reben. Heute präsentiert sich das Ahrtal im Norden von Rheinland-Pfalz als profiliertes Rotweinanbaugebiet. Neben dem König der roten Reben, dem Spätburgunder, zählt der als ebenso wertvoll eingeschätzte Frühburgunder zu den Spezialitäten der Region. Slow Food kümmert sich um den Schutz solcher qualitativ hochwertigen Produkte.

Dazu gehört auch der Erhalt der selten anzutreffenden Frühburgunder-Weinberge durch engagierte Ahrwinzer. Die Spitzenweine der Ahr können nur mit großen Mühen erzeugt werden. So müssen die Winzer für die Arbeit am Rebstock und zur Lese oft durch zerklüftete Felsspalten in extreme Steilhänge klettern, wo teils nur wenige Rebstöcke nebeneinander stehen. Spitzenqualität belohnt die beschwerliche Arbeit im Weinberg.

Verträumt schlängelt sich die Ahr in engen Bögen durch die bizarre Felslandschaft in Richtung Rhein, und die Weinberge schmiegen sich an karge Felsen. Das milde Klima beschert den Trauben im Ahrtal optimale Voraussetzungen, auch weil die aufgewärmten Felsen in der Nacht ihre gespeicherte Wärme an die Reben abgeben.

Mit herrlichen Wanderwegen, ausgetüftelten Radstrecken und einem vielseitigen Nordic-Walking-Fitnesspark zieht die Ferienregion Ahr-Rhein-Eifel viele Touristen an. Die meisten wandern auf dem malerischen Rotweinwanderweg, der von Bad Bodendorf bis Altenahr über 35 Kilometer die Weinorte miteinander verbindet.

Er bietet zu jeder Jahreszeit spektakuläre Aussichten auf das Ahrtal. Abstiege und Wege führen direkt in die Weinorte, wo Weinproben in der Probierstube und Winzervesper in der Straußwirtschaft Hunger und Durst stillen.

Romantik und urige Gemütlichkeit prägen die Wein- und Ferienregion ebenso wie hervorragende Weine und ein exklusives Speisenangebot.

Lage des Anbaugebiets Ahr

Döppcheskooche
mit Apfelkompott

Zutaten für 4 Personen

2,5 kg festkochende Kartoffeln

4 Zwiebeln

3 TL Salz

1 TL Pfeffer

4 Freilandeier

400 g durchwachsener Speck

6 Mettwürstchen

3 EL Mehl

800 g Äpfel

2 EL Zucker

1 EL Zitronensaft

Arbeitszeit Min.	Koch-/Backzeit Min.
60	150

Zubereitung

Die Kartoffeln waschen, schälen und reiben wie für Kartoffelpuffer.

Die Zwiebeln schälen und genau wie den durchwachsenen Speck in Würfel schneiden. Die Mettwürstchen in Scheiben schneiden.

Anschließend die geriebenen Kartoffeln mit allen anderen Zutaten gut vermischen und herzhaft abschmecken. Danach in einen mit Öl eingeriebenen Bräter oder eine Auflaufform geben.

Den Backofen auf 200 °C vorheizen und den Döppcheskooche insgesamt 2,5 Stunden garen.

Es sollte sich eine knusprige braune Kruste bilden; wenn diese da ist, mit Deckel bis zum Ende der Garzeit weiter garen.

Zeitgleich kann das Apfelkompott zubereitet werden. Dazu den Zitronensaft mit 250 ml Wasser in eine Schüssel geben. Die Äpfel schälen, entkernen, vierteln und in die Schüssel geben. Gemeinsam mit dem Zucker die Masse zum Kochen bringen.

Nach 15–20 Min. Köcheln ist das Apfelkompott fertig und kann nach Belieben noch püriert oder stückig gelassen werden.

Mit einem Holzstäbchen den Garpunkt des Döppcheskooche testen und gemeinsam mit dem frisch zubereiteten Apfelkompott servieren.

Als Beilage empfehlen wir

Frischen Feldsalat

Weingut Julia Bertram

Daheim bin ich im Ahrtal. Aufgewachsen in Dernau, viel im Weinberg und immer am Puls des Weinguts. Nach meinem Weinbau- und Oenologiestudium war ich als Deutsche Weinkönigin viel unterwegs. Den deutschen Wein in aller Welt vertreten zu dürfen, war eine einmalige Erfahrung.

Meine Mutter und Tante leiten unser kleines Familienweingut in der 4. Generation. Hier sind meine Wurzeln und das Fundament für mein Weingut. Die Weine sollen durch ihre Authentizität begeistern. Boden, Wetter, die Arbeit im Weinberg, die Geschichte eines Jahres und ein Teil meiner Persönlichkeit zeigen sich später im Glas. Daher lege ich meinen Fokus auf die Arbeit in den Steilhängen. Aus besonderen Lagen, alten Reben, viel Handarbeit und schonender Verarbeitung entstehen hier charakterstarke und langlebige Burgunder.

Weinempfehlung

2016 Dernauer Spätburgunder trocken

Mit seiner feinen, zart rauchigen und röstigen Holzwürze und seiner klaren, geschliffenen Kirsch- und Beerenfrucht begleitet dieser Spätburgunder das regionale Gericht vortrefflich.

Seine Finesse und Eleganz zeigt er im Tannin und in der Säure ebenso wie in der Mineralität und im Abgang.

**Alternativ empfiehlt
Julia Baltes geb. Bertram**
2016 Ahrweiler Spätburgunder trocken

Rehrücken
mit Haselnusskruste

Arbeitszeit Min. 25

Koch-/Backzeit Min. 20

Zutaten für 4 Personen

600 g Rehrücken
60 g Butter
2 EL gemahlene Haselnüsse
2 EL Paniermehl

2 EL Pflanzenöl
1 Schalotte
3 Zweige Rosmarin
2 Wacholderbeeren

150 ml Wildfond
Salz
Pfeffer

Zubereitung

Die gemahlenen Haselnüsse unter Rühren bei starker Hitze ca. 5 Min. anrösten.

Danach die Butter in einem Topf zerlassen, die gerösteten Haselnüsse und das Paniermehl hinzufügen, zu einer dicken Masse verrühren und mit Salz und Pfeffer würzen.

Den Rehrücken in vier gleich schwere Stücke zerteilen und mit Salz und Pfeffer würzen.

Danach das Pflanzenöl in der Pfanne erhitzen und den Rehrücken kräftig anbraten.

Die Schalotte würfeln und den Rosmarin zerkleinern. Danach die Schalottenwürfel, den Rosmarin und die Wacholderbeeren in die Pfanne geben und kurz mitbraten.

Danach den Rehrücken in eine feuerfeste Form geben und mit der Nussmasse bestreichen.

Den Fond angießen (nicht über die Kruste!) und im vorgeheizten Backofen bei 220 °C Ober-/Unterhitze ca. 8–10 Min. fertig garen.

Als Beilage empfehlen wir

Kartoffelkroketten und/oder Rotkohl

Dagernova Weinmanufaktur

Wir, die Dagernova Weinmanufaktur, sind eine Genossenschaft an der Ahr mit 600 Mitgliedern.

Hauptsächlich in Steillagen produzieren wir zu 87 % Rotwein (Spätburgunder, Frühburgunder, Portugieser) und zu 13 % Weißwein (Riesling, Weißburgunder, Rivaner). 1873 als Dernauer Winzerverein gegründet, firmieren wir seit 2003 unter Dagernova Weinmanufaktur.

Seit 2015 organisiert sich innerhalb der Genossenschaft die Mission Steillage: In einem eigenen Qualitätsprogramm werden zwei Weine selbst ausgebaut.

Kevin Bertram, 2. Kellermeister der Genossenschaft und Mitglied der Mission Steillage, zeichnet dabei für den Ausbau der Weine verantwortlich.

Seit 2007 im Betrieb, schloss der ausgebildete Weinküfer 2013 sein Weinbautechnik-Studium ab und ist seit 2014 in seiner jetzigen Position im Hause.

Weinempfehlung

2016 Spätburgunder
Mission Steillage Zweite Mission
trocken

Dieser Spätburgunder präsentiert sich klar, straff, geradlinig und kühl mit Aromen von roten Beeren und Kirschen, zart röstigen Holztönen, erdig-würzigen und mineralischen Noten, lebendiger Säure und gleichermaßen festem wie feinem Tannin – zum Rehrücken ideal.

**Alternativ empfiehlt
Kevin Bertram**
2017 Ahr Frühburgunder

WEINREGION BADEN

Weinregion Baden
... in Sonne und Burgunder

Baden ist mit rund 15.800 Hektar Rebfläche Deutschlands drittgrößtes Weinbaugebiet. Es erstreckt sich vom Bodensee entlang der Oberrheinischen Tiefebene über die Badische Bergstraße und den Kraichgau bis nach Tauberfranken; in Nord-Süd-Richtung macht das eine Länge von etwa 400 Kilometern aus.

Die neun Bereiche, in die das Anbaugebiet aufgeteilt ist, sind landschaftlich und klimatisch recht unterschiedlich, so dass hier auch regional verschiedene Weine gekeltert werden. Im Norden Badens – in Tauberfranken, an der Badischen Bergstraße und im Kraichgau – stehen Rivaner, Riesling und Schwarzriesling im Vordergrund.

In der Mitte – in der Ortenau – wachsen vor allem Spätburgunder und Riesling, im Süden – im Breisgau, am Kaiserstuhl und am Tuniberg – vornehmlich rote und weiße Burgundersorten. Das Markgräflerland an der Grenze zur Schweiz pflegt die Weißweinspezialität Gutedel, und am Bodensee gedeihen vor allem Spätburgunder und Müller-Thurgau.

Das Klima in Baden ist sonnig und warm, der Kaiserstuhl ist sogar die wärmste Region Deutschlands. Hier und im Markgräflerland sind die Böden von tertiären Kalk-, Ton- und Mergelschichten, riesigen Lössablagerungen und Vulkangestein geprägt, im Kraichgau und im Taubergrund von Muschelkalk und Keuper, und am Bodensee herrscht Moränenschotter vor.

Baden ist Burgunderland, heißt es, und so ist die ganze Rebsortenfamilie vertreten: kräftiger Grauburgunder ebenso wie eleganter Weißburgunder und filigraner Auxerrois; Badisch Rotgold heißt die roséfarbene Spezialität aus Spät- und Grauburgundertrauben.

Dass Baden das wichtigste deutsche Anbaugebiet für Spätburgunder ist, erscheint da nur logisch: Die Sorte erfreut sich in all ihren Ausbaustilen und Geschmacksrichtungen – auch als Rosé oder Weißherbst – großer Beliebtheit; kraftvolle Gewächse werden immer häufiger im Barrique ausgebaut.

Nicht nur das milde Klima, die landschaftliche Vielfalt und die zahlreichen Weinorte locken viele Gäste nach Baden, beispielsweise an die Hänge des Odenwalds und Schwarzwalds oder an die Ufer des Bodensees. Touristisch sehr beliebt sind auch Städte wie Heidelberg, Konstanz, Baden-Baden, Karlsruhe und Freiburg.

Über 100 Weinfeste laden zum Feiern ein, und auch die mehr als 50 badischen Winzergenossenschaften öffnen regelmäßig ihre Türen für Veranstaltungen. Den besten Überblick über die badischen Weine liefert jedes Jahr im Mai die „Badische Weinmesse" in Offenburg, und der älteste badische Weinmarkt findet – wie schon im 19. Jahrhundert – alljährlich im April in Müllheim im Markgräflerland statt.

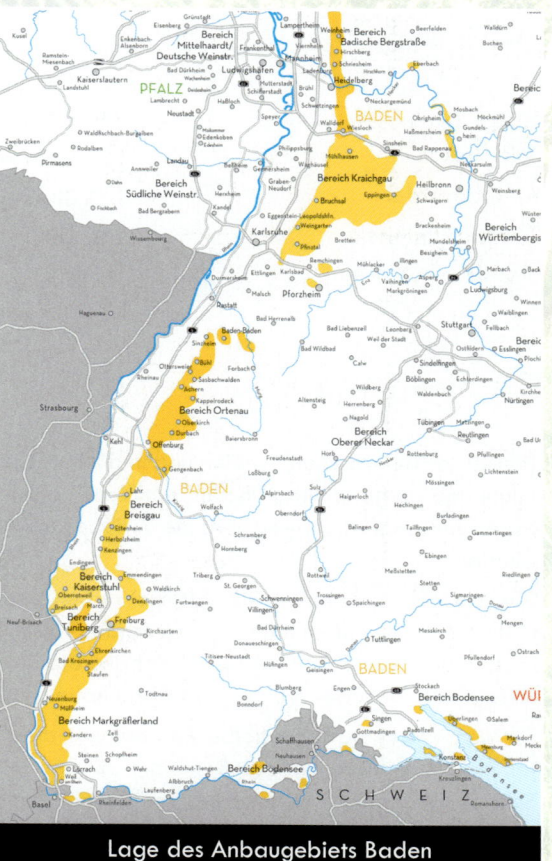

Lage des Anbaugebiets Baden

Badisch Dreierlei
Wurstsalat, Bratkartoffeln und Kräuterquark

Arbeitszeit Min. **45**

Koch-/Backzeit Min. **30**

Zutaten für 4 Personen

600 g fein geschnittener Wurstsalat

1 kg Kartoffeln

2 große Zwiebeln

1/2 Becher Sahne

250 g Quark

150 g Naturjoghurt

1 EL Zitronensaft, 1/2 TL Senf

2 EL kalt gepresstes Öl

Kräuter (Liebstöckel, Petersilie und Schnittlauch)

Gewürze (Pfeffer, Salz, Kräutersalz und Paprika)

Zubereitung

Die Kartoffeln waschen, schälen und in dünne Scheiben schneiden. Butterschmalz in der erhitzen Pfanne zerlassen und eine klein geschnittene Zwiebel darin andünsten.

Die Kartoffelscheiben in die Pfanne geben und bei mittlerer Hitze unter mehrmaligem Wenden ca. 30 Min. kross braten. Mit Salz, Pfeffer und Paprika die Bratkartoffeln nach Belieben würzen und warm halten.

Für den Wurstsalat eine halbe Zwiebel und die Kräuter klein schneiden. Anschließend die Zutaten in eine Schüssel geben und mit dem Senf und dem Zitronensaft vermengen.

Das Öl zum Schluss hinzufügen, die Marinade gut vermischen und mit Salz, Kräutersalz und Pfeffer abschmecken. Den Wurstsalat abschließend in die Schüssel geben und mit der Marinade vermengen.

Als Basis für den Kräuterquark die Sahne steif schlagen. Den Joghurt und den Quark dazugeben und unter langsamem Rühren mit der Sahne vermischen.

Unter die Masse nun die gewaschenen, klein geschnittenen Kräuter und die zerkleinerte halbe Zwiebel heben. Den Kräuterquark mit Salz, Kräutersalz und Pfeffer abschließend würzen.

Die warmen Bratkartoffeln, den Wurstsalat und den Kräuterquark nebeneinander auf einem Teller anrichten und mit Schnittlauch und Petersilie garnieren.

Winzergenossenschaft Königschaffhausen-Kiechlinsbergen

In der Winzergenossenschaft Königschaffhausen-Kiechlinsbergen eG sind rund 130 Winzerfamilien zusammengeschlossen. Sie bewirtschaften 320 Hektar Weinbaufläche in den Lagen Steingrüble, Hasenberg, Vulkanfelsen, Ölberg und Teufelsburg.

Als Assistentin der Verkaufsleitung bin ich, Natalie Henninger, für die Vermarktung und das Marketing der Weine mitverantwortlich.

Als badischer Betrieb legen wir den Fokus bei den Rebsorten auf die Burgunder, allen voran Spätburgunder und Grauer Burgunder.

Qualität hat nicht nur für mich, sondern auch für unsere Winzerinnen und Winzer oberste Priorität. Weine von höchster Qualität zu erzeugen, ist unser gemeinsames Ziel. Getreu dem Motto: Fünf Lagen, ein Genuss!

Weinempfehlung

2017 Grauer Burgunder
Serie „Klasse Burgunder"
Königschaffhauser Hasenberg trocken

Herkunftstypisch darf es hier ein Weißwein aus einer Burgundersorte sein: Mit Noten von Äpfeln, Birnen, Kräutern und Blüten, mineralischen Anklängen, lebendiger Säure und feinem Schmelz begleitet dieser geradlinige Grauburgunder alle drei Komponenten des Gerichts.

Alternativ empfiehlt
Natalie Henninger
2017 Pinot Noir Blanc de Noirs
Serie „Klasse Burgunder"
Königschaffhauser Steingrüble trocken

Heilbutt auf Berglinsen

Arbeitszeit Min. **15**

Koch-/Backzeit Min. **30**

Zutaten für 4 Personen

800 g Fischfilet (Heilbutt)

400 g Berglinsen

1 Zitrone

3 EL Crème fraîche

scharfer Dijon-Senf

1 Lorbeerblatt

1 EL Kapern

1/2 getrocknete, eingelegte Tomate

gutes, fruchtiges Olivenöl

Salz

schwarzer Pfeffer aus der Mühle

Zubereitung

Die Berglinsen (Alb-Leisa oder Puy-Linsen) in einen Topf mit der gleichen Menge Wasser geben, das Lorbeerblatt hinzufügen und sanft gar köcheln; das dauert ca. 20 Min.

In der Zeit Crème fraîche, Senf, Zitronensaft, Salz, Pfeffer und einen Schuss Olivenöl in einer kleinen Schale verrühren.

Die Linsen nach dem Kochen durch ein Sieb abgießen, zurück in den Topf geben und mit der gewürzten Crème fraîche verrühren. Abdecken und warmhalten.

Für die Würzpaste die Kapern, die getrocknete Tomate, Senf, Olivenöl und Pfeffer im Mörser zu einer feinen Paste verarbeiten.

Den Fisch waschen, trockentupfen, portionieren, mit Zitronensaft beträufeln, salzen und pfeffern und mit Olivenöl beträufeln.

Etwas Öl in eine Pfanne geben und heiß werden lassen. Die Fischfilets zuerst auf der Hautseite anbraten, danach noch kurz von der Fleischseite braten, bis sie gar sind.

Zum Anrichten die Linsen mittig auf die gewärmten Teller portionieren, die Fischfilets auf den Linsen drapieren und dünn mit der Paste bestreichen.

Weingut Rieger

Vier Generationen leben und arbeiten gemeinsam auf dem Bio-Weingut Rieger. Das bedeutet: Viel Erfahrung, Wissen und Tradition treffen auf Neugierde, Tatendrang und Innovation. Das Weingut entstand aus einem traditionellen landwirtschaftlichen Gutshof mit Ackerbau, Viehhaltung und Weinbau. Bernhard und Josepha Rieger spezialisierten sich Mitte der 1980er Jahre auf den Ausbau und die Vermarktung ihrer Weine.

Weinberge rund um Betberg wurden zugekauft bzw. gepachtet. Im Jahr 1986 wurden erstmals die Türen der Besenwirtschaft geöffnet: Interessierte Weintrinker konnten bei kleinen Vespermahlzeiten die Weine des Hauses probieren, wodurch die Bekanntheit des Weinguts und der Weine weiter stieg. Im Jahr 2001 entschloss sich Sohn Philipp, in die Fußstapfen seiner Eltern zu treten.

Weinempfehlung

2016 Chasselas SR Alte Reben trocken

Dieser charaktervolle Chasselas von alten Rebstöcken korrespondiert exzellent mit den erdigen Aromen der Linsen und punktet mit seiner Balance zwischen Frucht und Mineralität. Saftig, geradlinig und tief präsentiert er sich mit Noten von gelben Früchten, Nüssen, Kräutern und Blüten, feiner Säure, salzig-mineralischen Anklängen, sanfter Kraft und Zug.

**Alternativ empfiehlt
Philipp Rieger**
2017 Grauburgunder trocken

WEINREGION FRANKEN

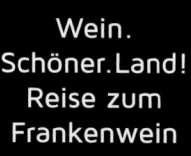

Weinregion Franken

Wein.Schöner.Land! Reise zum Frankenwein

Die Weinberge Frankens liegen zwischen Aschaffenburg und Schweinfurt an den südwärts gerichteten Talhängen des Mains und seiner Nebenflüsse.

Begrenzt wird das fränkische Weinland durch die Rhön im Norden, den Steigerwald im Osten, das Taubertal im Süden und den Spessart im Westen. Zentrum des Anbaugebiets ist Würzburg mit der Residenz und der mittelalterlichen Festung Marienberg.

Die Rebfläche in Franken umfasst rund 6.100 Hektar. Das Klima ist überwiegend kontinental mit trockenen, warmen Sommern und kalten Wintern.

Die Böden in den drei Bereichen, in die das Anbaugebiet aufgeteilt ist, lassen sich recht klar voneinander abgrenzen: Verwitterungsböden des Urgesteins und Buntsandsteins im Bereich Mainviereck in Unterfranken und im Spessart; Lehm-, Löss- und Muschelkalkböden im Bereich Maindreieck bei Wertheim und Miltenberg; Keuperböden im Bereich Steigerwald.

Der Weißweinanteil liegt in Franken bei rund 80 Prozent. Auf den Muschelkalk- und Keuperböden gedeiht vor allem der Silvaner optimal und ist insofern die Vorzeigerebsorte des Gebiets.

Die meistangebaute Sorte ist jedoch der Müller-Thurgau, und neben Silvaner und Müller-Thurgau kommt dem Bacchus als regionaler Spezialität eine besondere Rolle zu.

Darüber hinaus sind Riesling, Scheurebe, Rieslaner, Spätburgunder, Domina und Portugieser von Bedeutung. Das Markenzeichen des Frankenweins ist der Bocksbeutel als charakteristische Flaschenform.

In den kleineren fränkischen Weinstädten und auf dem Land ist das Mittelalter noch präsent, etwa in Miltenberg, Iphofen oder Volkach; Wehrmauern, Giebel, Türme, gepflasterte Gassen und romantische Innenhöfe lohnen die Entdeckung.

Die „Gästeführer Weinerlebnis Franken" führen Besucher charmant, fachkundig und fantasievoll auf die Spuren des Frankenweins.

Den Abschluss der Weinernte feiert man in Franken mit der letzten Fuhre, bei der neuer Wein ausgeschenkt wird. Daran schließen sich Federweißenfeste an und beenden eine Weinfestsaison, die schon im März beginnt.

Lage des Anbaugebiets Franken

Fränkischer Sauerbraten
mit Klößen

Zutaten für 4 Personen

1 kg bestes Rindfleisch

1 Zwiebel

500 ml Essig

50 g Butter zum Braten

200 g Soßenlebkuchen

20 g Mehl

1/2 TL Zucker

Salz und Pfeffer

500 ml Wasser

1 Apfelschnitz

Arbeitszeit Min.	Koch-/Backzeit Min.
180	120

Zubereitung

Für die Beize das Fleisch waschen, 500 ml Wasser, die geschnittene Zwiebel, eine Prise Salz und 500 ml Essig kalt darüber geben.

Das Fleisch ca. 3–5 Tage in der Beize liegen lassen.

Danach abtrocknen, salzen und in einem Topf mit 40 g Butter auf allen Seiten anbraten.

Die Bratzutaten (Soßenlebkuchen, 1 l verdünnte Beize vom Einlegen, Apfelschnitz) hinzufügen.

Das Rindfleisch 90–120 Min. kochen und immer wieder mit der heißen Flüssigkeit übergießen.

Für die Bratensauce anschließend in einem neuen Topf mit 10 g Butter, 1/2 TL Zucker und 20 g Mehl eine Zuckereinbrenne herstellen.

Die Einbrenne mit der Bratenflüssigkeit auffüllen, durchkochen lassen, mit Salz und Pfeffer abschmecken.

Das Fleisch in Scheiben schneiden und mit der Bratensauce übergießen. Dazu werden Kartoffelklöße gereicht.

Als Beilage empfehlen wir

Kartoffelklöße, am besten natürlich selbst gemacht

Weingut Schmidt Bullenheim

Hier geht es um mehr als einfach nur irgendeinen Wein ... wir machen Weine mit Herz und Charakter – auf höchstem Niveau. Von Beginn an sind wir mit dabei ... wir bewirtschaften unsere Weinberge so naturnah und schonend wie nur möglich. Wir achten auf unsere Umwelt, Lebewesen, den Boden und die Natur.

Qualität entsteht im Weinberg ... nur wenn wir vollkommen zufriedene Reben haben, bekommen wir die Qualität, die wir uns vorstellen. Perfektion heißt ... das letzte halbe Prozent rauszuholen, das geht. Das ist unser Anspruch, unsere Leidenschaft und unser Markenzeichen. Es läuft nun mal alles darauf hinaus, dass wir unseren Beruf einfach nur lieben.

Weinempfehlung

2016 Scheurebe Zugkraft
Paradies „Filetstück Kapellberg"
trocken

Weil Scheurebe eine Aromasorte ist, ist dieser Weißwein sogar kraftvoll genug für Sauerbraten: Noten von schwarzen Johannisbeeren, Mandarinen und weißen Früchten, kräuterige und florale Töne sowie erdig-würzige Anklänge verbinden sich mit der lebendigen Säure zu einem ausdrucksstarken Geschmackserlebnis.

**Alternativ empfiehlt
Lukas Schmidt**
2015 Silvaner Meisterschluck No. 2
trocken

Fränkisches Festtagsessen
Gekochtes Rindfleisch mit Meerrettichgemüse

Arbeitszeit Min. 15

Koch-/Backzeit Min. 25

Zutaten für 4 Personen

1 kg Rinderhüfte (Tafelspitz)

2 l Wasser

2–3 Karotten

2 große Zwiebeln

1/4 Sellerieknolle

1 Lauchstange

1 Lorbeerblatt

300 g geriebener Meerrettich

30 g Butter

30 g Mehl

500 ml Fleischbrühe (vom Tafelspitz)

4 EL Sahne

geriebener Apfel

Salz, schwarzer Pfeffer, Zucker

Zubereitung

Das Fleisch waschen und trockentupfen. Das Wasser in einem großen Topf zum Kochen bringen, leicht salzen, das Lorbeerblatt zufügen und das Fleisch hineingeben.

Einmal aufkochen lassen und dann bei moderater Hitze ca. 90 Min. mit geschlossenem Deckel ziehen lassen.

Die Karotten, die Zwiebeln, den Sellerie und den Lauch putzen, schälen und in große Stücke schneiden. Nach den 90 Min. das Gemüse zusammen mit 1 EL Salz und 1 TL schwarzen Pfefferkörnern zum Fleisch in die Brühe geben und alles weitere 20–30 Min. ziehen lassen.

Nach der Garzeit das Fleisch aus der Brühe nehmen und warm stellen, vor dem Aufschneiden etwa 10 Min. ruhen lassen.

Für die Meerrettichsauce den Meerrettich in der Butter andünsten. Mit Mehl stauchen und mit der Fleischbrühe aufgießen, ca. 10 Min. kochen. Salz und Zucker zugeben, mit Sahne und geriebenem Apfel abschmecken.

Als Beilage empfehlen wir

Salzkartoffeln

Weinbau Dürr

Unser Betrieb befindet sich mittlerweile in der 3. Generation des Weinanbaus. Neben unserem Weingut haben die Gäste auch die Möglichkeit, in unserer Weinstube ein paar Schmankerln zu sich zu nehmen.

Auch beim Wein kommt kein Gaumen zu kurz, von Weiß- und Rotweinen bis zu Secco ist für jede Geschmacksrichtung ein passender Tropfen aus der Lage Bullenheimer Paradies vorhanden.

Sollte das Interesse eines Gastes zum Thema Wein geweckt worden sein, bietet sich eine ganz besondere Möglichkeit an, mit dem Wein in Verbindung zu treten – „Weinstock-Leasing"! Hier kann der jeweilige Interessent „Pate" seiner eigenen Weinstöcke werden.

Weinempfehlung

2017 Scheurebe
Bullenheimer Paradies trocken

Mit ihren opulenten und zugleich feinen Aromen von Zitrusfrüchten, schwarzen Johannisbeeren, Holunder und Kräutern harmoniert diese Scheurebe auch mit dem pikanten Meerrettich. Der geradlinige, saftige Wein wirkt durch seine frische, feine Säure und seine zart mineralischen Noten besonders animierend.

**Alternativ empfiehlt
Julia Dürr-Döppert**
2017 Silvaner
Bullenheimer Paradies trocken

WEINREGION HESSISCHE BERGSTRASSE

Frühlings-
garten
und
Weininsel

Weinregion Hessische Bergstraße
Frühlingsgarten und Weininsel

Wenn es im März oder April mancherorts noch fröstelt, setzt an der Hessischen Bergstraße schon die Mandelblüte ein. Denn der Frühling beginnt meist ein paar Tage früher.

Forsythien, Kirschen, Aprikosen und Magnolien folgen den Mandelbäumen. Aber nicht nur an der herrlichen Natur kann man sich erfreuen. Ob Zwingenberg, Heppenheim, Alsbach oder Bensheim - überall laden pittoreske Altstadtviertel die Gäste zum Verweilen ein. Die quirligen Orte längs der alten Römerstraße „strata montana" und die stillen Täler des Odenwaldes sorgen für willkommene Abwechslung. Bei Wild und Forelle aus dem Odenwald und einem guten Bergsträßer Wein fühlt man sich hier schnell zu Hause.

Der hessische Teil der Bergstraße ist seit 1971 ein eigenständiges Weinanbaugebiet, dessen Rebfläche von 462 Hektar sich auf zwei räumlich getrennte Bereiche verteilt: Die Region Starkenburg beginnt südlich von Darmstadt mit vereinzelten Weinbergen, nach Süden hin werden ab Zwingenberg die Rebflächen geschlossener. Weinbauliche Schwerpunkte finden sich in Auerbach, Bensheim und Heppenheim. Südlich von Heppenheim endet dieser Bereich an der hessischen Landesgrenze. Der zweite, wesentlich kleinere Bereich – die Odenwälder Weininsel – trägt den offiziellen Namen Bereich Umstadt. Ihr Mittelpunkt ist das Städtchen Groß-Umstadt.

Die besten Weinlagen findet man in den zum Rheintal hin geneigten Hängen, oft sind es Steillagen, die von den Winzern bewirtschaftet werden. Am Melibokus bei Zwingenberg, dem höchsten Berg der Region, sind die oberen Teile der Lagen terrassiert. Durch die Aufgliederung in viele kleine Parzellen wirken die Weinberge auf Urgesteinsböden sehr malerisch.

In dem kleinen Weinbaugebiet werden vornehmlich trockene und halbtrockene Weine erzeugt. Die Rebsorte Riesling ist typisch für das Gebiet und wird ergänzt durch Rivaner, Grauburgunder, Silvaner, Kerner und Weißburgunder.

Eine Rarität ist der Rote Riesling; er wird auf etwa 20 Hektar angebaut. Stark im Kommen ist der Anbau der roten Sorten Spätburgunder, Dornfelder und St. Laurent.

Der Bergsträßer Weinlagenweg ist ein herrlicher Wanderweg mitten durch das Weinanbaugebiet. Die abwechslungsreiche, hügelige Landschaft bietet großartige Ausblicke zum Odenwald und über die Rheinebene.

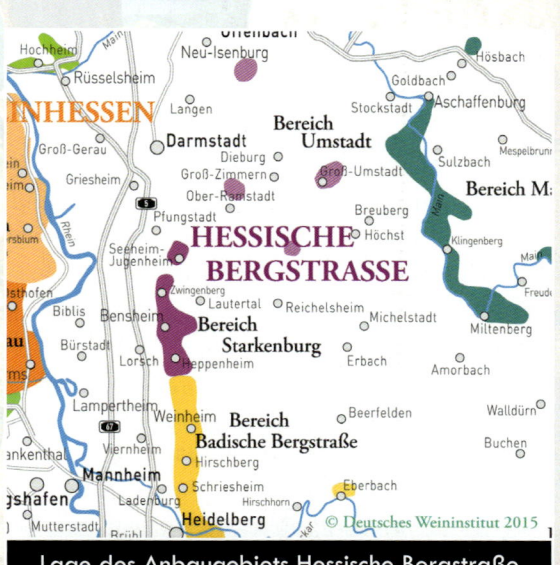

Lage des Anbaugebiets Hessische Bergstraße

Exotischer Hackfleisch-Pfirsich-Curry-Auflauf

Arbeitszeit Min.
15

Koch-/Backzeit Min.
20

Zutaten für 4 Personen

300 g Reis

400 g Hackfleisch

3 kleine Zwiebeln

1 große Dose Pfirsiche – Früchte und 150 ml Saft

150 ml (selbstgemachter) Curry-Ketchup

300 ml Sahne

Salz und Pfeffer

Curry

Zubereitung

Den Reis kochen und den Ofen auf 200 °C vorheizen.

Die klein geschnittenen Zwiebeln glasig braten und das Hackfleisch dazugeben. Mit Pfeffer und Salz würzen.

Optional: Reis und Hackfleisch mischen.

Den Saft der Pfirsiche auffangen und die Pfirsiche in kleine Stücke schneiden.

Den Curry-Ketchup, das Curry-Gewürz und die Sahne vermischen. Je nach Geschmack 100–150 ml Pfirsich-saft zugeben und aufkochen lassen.

Die Sauce mit Gewürzen (Curry, Pfeffer, Salz) und evtl. weiterem Pfirsichsaft abschmecken und bei Bedarf nachwürzen.

Pfirsiche, Hackfleisch und Reis abwechselnd in eine Auflaufform geben. Anschließend die Sauce darüber geben.

20 Min. im Ofen backen; damit die Pfirsiche nicht braun werden, kann der Auflauf mit Alufolie abgedeckt werden.

Vinas - Jungwinzerinnengruppe der Bergsträßer Winzer

Die Vinas sind eine Jungwinzerinnengruppe und im Viniversum (Wein-Erlebnis-Welt) der Bergsträßer Winzer eG beheimatet.

Deren 400 Mitglieder bewirtschaften 260 Hektar Rebfläche an der Hessischen und Badischen Bergstraße. Der Betrieb hat Weine aus einer großen Palette von Rebsorten.

Dazu gehören Roter und Weißer Riesling, die Burgundersorten, Chardonnay, Cabernet-Sorten, Merlot und Aromasorten wie Goldmuskateller, Sauvignon Blanc und Gewürztraminer. Auch Weine aus neuen pilztoleranten Sorten sind im Viniversum zu finden.

Die Vinas sind Caroline Guthier, Katharina Seiß, Anja und Heike Antes. Die vier Weinfachfrauen sprechen mit ihren feinherben Weinen und den Veranstaltungen vor allem die jüngere Generation an. Sie wurden als Jungwinzervereinigung des Jahres 2017/2018 ausgezeichnet (DLG).

Weinempfehlung

2017 Vinas First halbtrocken (Weißwein-Cuvée aus Muscaris, Scheurebe, Goldmuskateller und Müller-Thurgau)

Diese fruchtige, leicht restsüße Weißwein-Cuvée passt optimal zu dem fruchtigen und exotisch-würzigen Gericht: Die Aromen erinnern an weiße und gelbe Früchte, Holunder und Blüten, die frische Säure wirkt animierend.

Alternativ empfehlen
Caroline, Katharina, Heike und Anja
2017 Roter Riesling Kabinett
Heppenheimer Eckweg halbtrocken

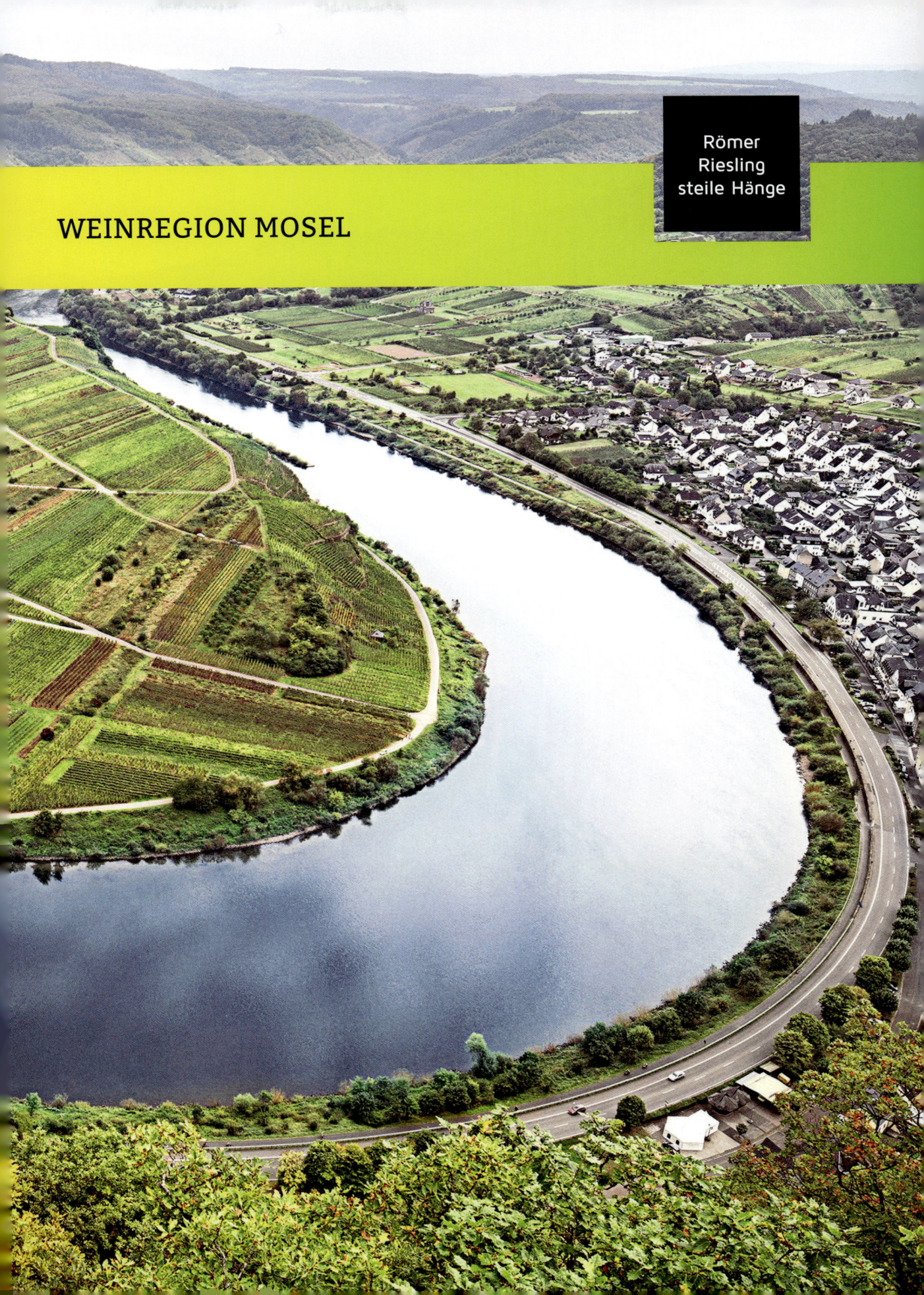

WEINREGION MOSEL

Römer
Riesling
steile Hänge

Weinregion Mosel
Römer · Riesling · steile Hänge

Zwischen Hunsrück und Eifel im Rheinischen Schiefergebirge, entlang der Mosel und ihren Nebenflüssen Saar und Ruwer erstreckt sich das Anbaugebiet Mosel, das als die älteste Weinregion Deutschlands gilt. Unzählige historische Funde, darunter mehrere Kelteranlagen aus römischer Zeit, zeugen von der Jahrtausende alten Weinbautradition.

Entlang der Mosel zwischen Perl und Koblenz, an der Saar zwischen Serrig und Konz sowie an der Ruwer zwischen Riveris und dem Trierer Stadtteil Ruwer liegen die rund 8.800 Hektar Rebfläche – die Hälfte davon in Steil- und Terrassenlagen mit über 30 Grad Hangneigung. Nirgendwo auf der Welt gibt es mehr Steillagenweinberge als hier.

Deutschlands fünftgrößtes Anbaugebiet ist in sechs Bereiche unterteilt: Der Bereich Burg Cochem an der unteren Mosel wird oft als Terrassenmosel bezeichnet, da der Weinbau dort meist nur auf Weinbergterrassen möglich ist; hier befindet sich auch der steilste Weinberg Europas, der Bremmer Calmont. Der Bereich Bernkastel wird als Mittelmosel bezeichnet und bildet das Herzstück des Anbaugebiets mit bekannten Weinorten und berühmten Lagen. Südlich von Trier beginnt die Obermosel; der Bereich Moseltor als Teil der Obermosel gehört – ebenso wie der Bereich Saar – geographisch zum Saarland. Das Ruwertal ist der kleinste Bereich des Anbaugebiets.

In den Steilhängen und Tälern profitieren die Reben von optimaler Erwärmung und Niederschlagsrelation. An der Obermosel stehen sie auf Muschelkalk und Keuper, in den Tälern von Saar und Ruwer sowie an der Mittelmosel auf Devon-Schiefer und südlich von Zell auf weichem Tonschiefer und kieselsäurereichen Grauwacken; in Tallagen kommen auch Schotter-, Kies- und Sandablagerungen vor. Auf rund 5.000 Hektar wird an Mosel, Saar und Ruwer Riesling angebaut, so dass die Kombination Schiefer und Riesling die Weine des Gebiets dominiert.

Die spät reifende weiße Edelsorte findet hier ideale Anbaubedingungen: Die geschützte Tallage macht die Region zu einer der wärmsten Klimazonen Deutschlands; die steilen Schieferhänge über den Flüssen speichern am Tag die Sonnenwärme und geben sie nachts wieder ab. Die Wurzeln der Reben dringen metertief in den Boden ein, um sich mit Wasser und Mineralien zu versorgen. Weltberühmt sind speziell auch die edelsüßen Weine, die jedes Jahr bei Auktionen Rekordpreise erzielen.

Die zweitwichtigste Rebsorte des Gebiets ist der Rivaner (Müller-Thurgau), und an der Obermosel ist mit dem Elbling eine alte Traubensorte heimisch, die möglicherweise schon vor 2.000 Jahren hier angebaut wurde. Darüber hinaus werden zunehmend Weiß- und Grauburgunder, Auxerrois und Chardonnay kultiviert, und auch Kerner sowie Spätburgunder und Dornfelder sind an Mosel, Saar und Ruwer vertreten.

Das Anbaugebiet ist eine höchst attraktive Reiseregion. Qualifizierte „WeinErlebnisBegleiter" nehmen die Gäste mit auf besondere Touren, zeigen die schönsten Plätze an den drei Flüssen und gestalten besondere Weinerlebnisse.

Lage des Anbaugebiets Mosel

Spargel mit Entrecôte

in Tamarinde-Ingwer-Chili-Marinade

Zutaten für 4 Personen

800 g Entrecôte

1 rote Thai-Chilischote

50 g frischer Ingwer

30 g Zitronengras

60 g Tamarindenpaste

800 g grüner Spargel

200 g Karotten

Kokosmilch

gelbe Currypaste

Erdnüsse, geröstet und gesalzen

Rettichsprossen

Arbeitszeit Min.	Koch-/Backzeit Min.
60	30

Zubereitung

Den Chili, den Ingwer, das Zitronengras und die Tamarindenpaste mit 50 ml Wasser im Mixer zu einer homogenen Paste verarbeiten.

Vom Entrecôte das Fettauge und den Fettrand abschneiden, das restliche Fleisch in Tranchen schneiden und mit der Paste 12 Stunden marinieren.

Den Spargel in Stücke schneiden und mit Ingwer, Zitronengras und Karottenstreifen im Wok garen.

Mit Kokosmilch und etwas Currypaste abschmecken.

Das Fett vom Entrecôte auslassen und das marinierte Fleisch darin heiß und kurz anbraten.

Den Spargel mit den Karottenstreifen und dem Fleisch auf einem Teller anrichten.

Die Erdnüsse hacken und mit den Rettichsprossen über das Fleisch und den Spargel geben.

Weingut K-J Thul

Seit über 140 Jahren leben und arbeiten die Generationen der Familie K-J Thul im 1870 erbauten Stammhaus des Weinguts. Heute bewirtschaften wir 10 Hektar Rebfläche in den Orten Riol, Detzem, Klüsserath und Thörnich.

Jungwinzer Karl-Josef Thul kümmert sich vor allem um die Pflege der Reben in den steilen Hängen der Thörnicher Ritsch sowie um den Ausbau der Weine mit traditionellen, aber auch modernen Methoden. Der Bezug zur Herkunft und zum Terroir der Weinberge steht dabei an oberster Stelle. Durch die angeschlossene Straußwirtschaft und die Gästezimmer muss niemand die Weine nur zu Hause genießen, sondern kann auf unserem Weingut auch herrlich entspannen und sich an saisonal-regionalen Spezialitäten erfreuen.

Weinempfehlung

**2017 Riesling
Schieferklang feinherb**

Zu asiatischen Gerichten passt ein leicht restsüßer Riesling sehr gut. Dieses feinherbe Moselgewächs empfiehlt sich mit saftiger, fein süßlicher Frucht, die von Apfel-, Birnen-, Pfirsich- und Zitrusnoten geprägt ist, sowie kräuterigen und mineralischen Anklängen und frischer Säure.

**Alternativ empfiehlt
Karl-Josef Thul**
2016 Weißburgunder Eselspfad trocken

Wild auf Burger?!

Arbeitszeit Min. 45

Koch-/Backzeit Min. 5

Zutaten für 4 Personen

- 600 g Wildhackfleisch
- 3 Frühlingszwiebeln
- 2 EL Preiselbeeren aus dem Glas
- 200 ml Crème fraîche

- Harissa (scharfe Gewürzpaste)
- Salz
- Pfeffer
- 1 Radicchio

- frische Kresse
- 4 Scheiben Bergkäse
- 4 Burgerbrötchen (Vollkorn oder Roggen)

Zubereitung

Die Frühlingszwiebeln waschen und fein hacken. Dann zusammen mit dem Wildhackfleich und etwas Pfeffer in einer Schüssel vermischen. Wenn alle Zutaten gut vermischt sind, aus der Masse 4 gleich große Burger-Pattys formen (jeweils 150 g).

Für die Preiselbeersauce zunächst die Preiselbeeren mit der Crème fraîche verrühren. Diese Mischung mit etwas Salz abschmecken und dann mit Harissa würzen (bei Verwendung von 1/2 TL Harissa wird die Sauce angenehm scharf).

Den Radicchio und die Kresse waschen und trockentupfen. Den Radicchio anschließend wahlweise in Streifen schneiden oder zupfen.

Einen Kontaktgrill vorheizen (alternativ können die Burger natürlich auch in der Pfanne gebraten werden). Wenn der Grill heiß genug ist, die Burger-Pattys grillen.

In der Zwischenzeit die Brötchen vorbereiten. (Am besten schmecken selbst gebackene Brötchen; hierzu in den Rezepten die Hälfte des Mehls durch Roggen- oder Vollkornmehl austauschen.) Beide Hälften mit etwas Sauce bestreichen.

Wenn die Burger-Pattys gar sind, diese auf die vorbereiteten Brötchen geben. Darauf eine Scheibe des Bergkäses legen, der auf dem heißen Fleisch leicht schmilzt. Mit Radicchio und Kresse garnieren und genießen!

WEIN+GUT OSTER

Wann genau die Sache mit den Trauben angefangen hat, weiß in der Familie Oster niemand mehr so genau – irgendwie gehörten sie immer dazu. Und das alte Winzerhaus steht immerhin seit dem 18. Jahrhundert in den engen Gässchen von Ediger-Eller.

Als professioneller Vollerwerbsbetrieb geht das Wein+Gut Oster mit dem Juniorchef Daniel Oster jetzt allerdings in die dritte Generation, und so kommt zusammen, was zusammengehört: altes Wissen und junge Ideen, traditionelle Verfahren und innovative Ansätze.

Das Ziel ist dabei seit jeher das gleiche, nämlich die mühsame Arbeit eines Jahres in den Weinbergen mit einem besonderen Wein zu belohnen. Ganz typisch für die Mosel kommt dabei meist Riesling ins Glas, ebenso wie einige bekannte und weniger bekannte Burgundersorten.

Weinempfehlung

2015 Riesling
Spontanée
Calmont trocken

**Alternativ empfiehlt
Daniel Oster**
2015 Spätburgunder trocken

Feine Fruchtnoten und pikante Würze kommen in diesem Gericht zusammen – da setzt dieser Steillagen-Riesling einen passenden Akzent: Aromen von Aprikosen, Pfirsichen und Kräutern, nussige, pflanzliche und erdig-mineralische Anklänge, mineralische Töne und ein schlanker Körper.

Lachs an Sauce Béarnaise

mit grünem Spargel und Salzkartoffeln

Zutaten für 4 Personen

4 Lachsfilets à 150 g

20 Stangen grüner Spargel

800 g Kartoffeln

300 g Blattspinat

4 Eigelb

1 Zitrone

2 Schalotten

150 g Butter

frische Kräuter

Arbeitszeit Min.	Koch-/Backzeit Min.
35	20

Zubereitung

Den Backofen auf 180 °C vorheizen.

Die Kartoffeln schälen, vierteln und in Salzwasser zum Kochen bringen. Den Spargel ebenso im unteren Drittel schälen und verholzte Enden abschneiden.

Die Spargelstangen mit etwas Olivenöl sowie einer Prise Salz und Pfeffer einlegen und vermischen. Anschließend auf einem mit Backpapier bedeckten Rost verteilen und für ca. 10 Min. in den vorgeheizten Ofen geben.

Etwas Olivenöl in einer Pfanne erhitzen. Währenddessen den Lachs mit etwas Zitronenschalenabrieb und -saft einreiben. Dann kurz von beiden Seiten scharf anbraten und zuletzt die Pfanne für 5 Min. zu dem Spargel in den Ofen stellen.

Nun den Spinat in etwas Olivenöl andünsten und mit Salz, Pfeffer und Muskatnuss abschmecken.

Für die Sauce Béarnaise eine halbe Zitrone auspressen, die Schalotten zerkleinern und alles zusammen mit dem Eigelb, Salz und Pfeffer in den Mixer geben.

Die Butter auf dem Herd verflüssigen und langsam bei auf kleiner Stufe laufendem Mixer zu der Sauce geben. Den Mixer laufen lassen, bis die Sauce eindickt und damit die gewünschte Konsistenz erreicht hat. Zum Schluss die gehackten Kräuter hinzufügen.

Zum Anrichten den Lachs auf etwas Spinat drapieren, 4–5 Kartoffelstücke ringsum verteilen, 5 Spargelstangen darüber legen und mit der Sauce Béarnaise übergießen.

Weingut Dax

Das Weingut ist ein kleines, familiär geführtes Unternehmen, ansässig am nördlichen bzw. letzten Abschnitt der Mosel, der wegen der stufigen Steillagen auch Terrassenmosel genannt wird.

Hier bietet das enge Tal an steilen Weinbergshängen ein ideal begünstigtes Klima und beschützt unsere Weinberge vor Unwettern.

Riesling, Burgunder und Co. werden zu modernen, lebhaften Weinen, bei denen die Freude am Genuss im Mittelpunkt steht. Diese Freude möchten wir Ihnen als Winzerfamilie aus unserem alltäglichen Berufsleben vermitteln.

Weinempfehlung

2017 Riesling
Schieferstück trocken

Mit seiner Kraft, seiner bestens eingebundenen Säure und seiner Mineralität begleitet dieser saftige, geradlinige Riesling das Gericht vortrefflich. Seine Aromatik ist geprägt von Zitrusfrüchten, Äpfeln, Birnen und Pfirsichen, dazu kommen florale Anklänge, und ein zarter Schmelz rundet den Genuss ab.

**Alternativ empfiehlt
Oliver Dax**
2017 Bacchus trocken

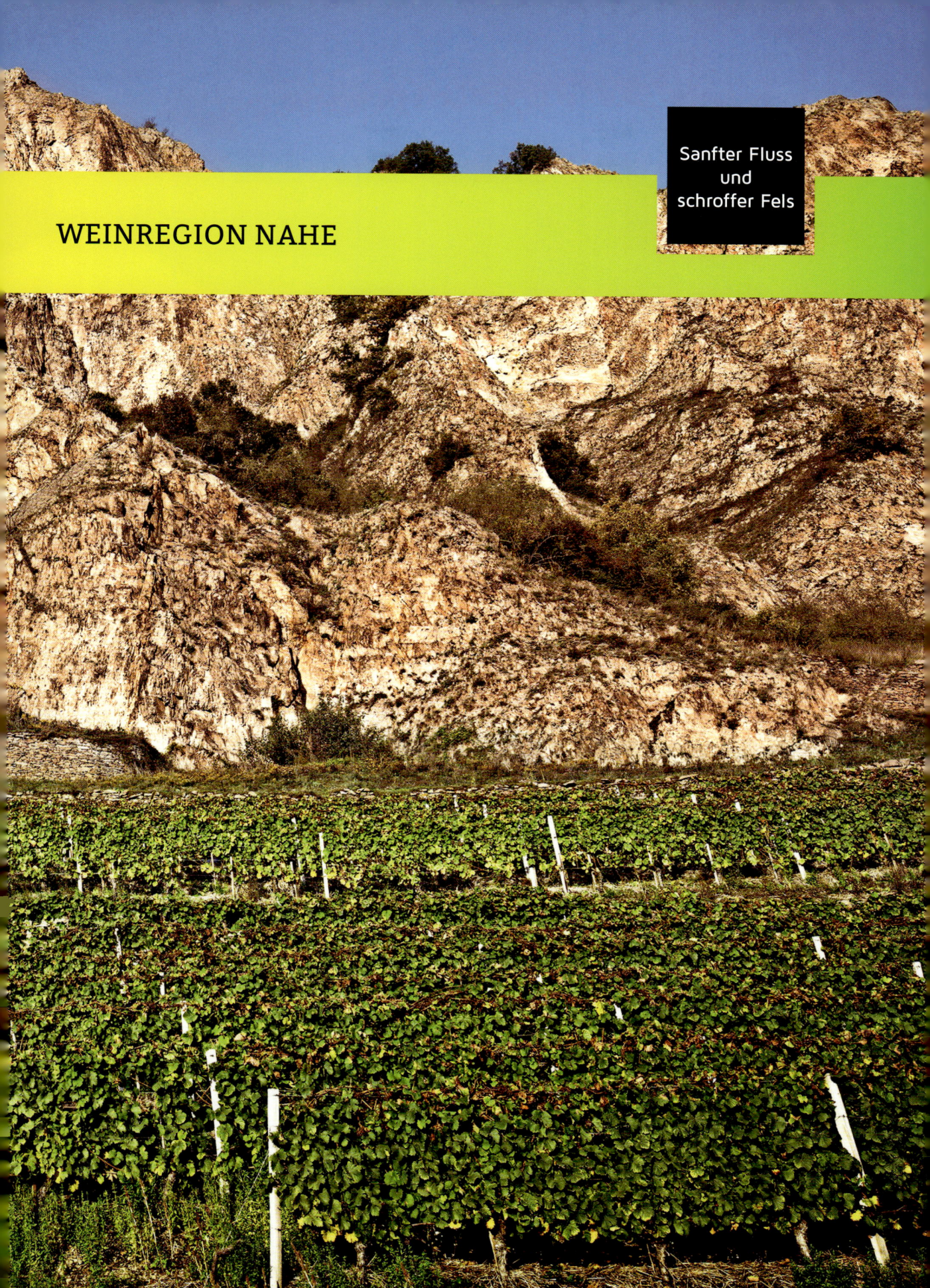

WEINREGION NAHE

Weinregion Nahe

Sanfter Fluss und schroffer Fels

Das Anbaugebiet Nahe ist eingebettet in den „Natur-park Soonwald-Nahe", und die Weinberge liegen am Fuß des Hunsrücks entlang der Nahe von Martinstein bis Bingen sowie in den Seitentälern der Nebenflüsse Guldenbach, Gräfenbach, Glan, Trollbach, Ellerbach und Alsenz. Die Rebfläche umfasst rund 4.150 Hektar.

Das Klima ist ausgeglichen, mild, frost- und regenarm. Durch den Hunsrück vor kalten Winden geschützt, bieten die Flusstäler mit milden Temperaturen und viel Sonnenschein äußerst günstige Voraussetzungen für den Weinbau.

Eine bewegte Erdgeschichte hat der Nahe-Region eine große Bodenvielfalt beschert: Quarzit- und Schieferböden an der unteren Nahe; Porphyr vulka-nischen Ursprungs, Melaphyr und Buntsandstein an der mittleren Nahe; Verwitterungsböden und Ton-überlagerungen aus Sandstein, Löss und Lehm bei Bad Kreuznach.

Etwa ein Viertel der Weinberge ist mit Riesling bestockt, aber auch Müller-Thurgau, Kerner, Silvaner, Weißburgunder, Grauburgunder, Dornfelder, Spät-burgunder und Portugieser sind hier zu Hause.

Auch touristisch hält die Nahe zahlreiche attraktive Angebote bereit: Bad Kreuznach, Bad Münster am Stein und Bad Sobernheim sind beliebte Kur- und Wellnessorte.

Bad Kreuznach ist auch wegen seiner historischen Brü-ckenhäuser und der zahlreichen Erinnerungen an die Römerzeit einen Ausflug wert, und Bad Münster am Stein-Ebernburg ist für seinen mittelalterlichen Markt, die Burg und seine Ritterspiele bekannt.

Den Nahewein entdecken kann man in bester Gesell-schaft auf einem der zahlreichen Weinfeste an der Naheweinstraße, die überwiegend im Spätsommer stattfinden.

Lage des Anbaugebiets Nahe

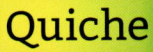

Quiche
mit grünem Spargel

Zutaten für 4 Personen

500 g grüner Spargel

2 Eier

100 ml Sahne

100 g Crème fraîche

100 g würziger Bergkäse
(oder z.B. reifer Gouda)

Petersilie, Dill, Frühlingszwiebeln

1 Knoblauchzehe

Salz, Pfeffer, Muskatnuss

250 g Mehl

150 g Butter

1 Ei

Prise Salz und 2 EL Wasser

Arbeitszeit
Min.

30

Koch-/Backzeit
Min.

40

Zubereitung

Für den Mürbeteig das Mehl, die Butter und das Ei mit Salz und kaltem Wasser zu einem glatten Teig verkneten und die gefettete Form damit auskleiden. Einen ca. 3 cm hohen Rand lassen.

Den Spargel in mundgerechte Stücke schneiden und in kochendem Salzwasser 3 Min. blanchieren, dann kalt abschrecken.

Die Kräuter kleinhacken. Die Eier, die Sahne, die Crème fraîche, die Kräuter und die Gewürze verrühren. Den Käse unterheben.

Den Spargel und die kleingehackten Frühlingszwiebeln auf den Boden geben und die Eiermasse darauf gießen. Am Ende etwas Käse obenauf verteilen.

30-40 Min. im vorgeheizten Ofen (180 °C, Umluft) backen.

Als Beilage empfehlen wir

Salat der Saison mit frischen Kräutern

Weingut Weinheimer Hof

Wer kennt das nicht? Ein gewisses Lied läuft an und blitzartig spielen sich tausende Bilder und Emotionen aus einem bestimmten Moment ab. Ganz individuell. Genauso ist das auch mit Wein.

Wein berührt die Seele! Der Geruch, das Mundgefühl, der Geschmack, der Boden, die Sonne, der Regen... und zu guter Letzt die Menschen, die dahinter stehen.

Alles fließt hier ineinander. So ernten wir heute dankbar Trauben von Stöcken, die unser Opa schon gesetzt hat. JUNGE WINZER – ALTE REBEN.

Umgeben von historischen Gemäuern in Burg Layen und den wertvollsten Lagen an der Nahe, vinifizieren Christine und Philipp hier mit Gespür für die Natur lebendige Weine. Weine, die ihre Herkunft zeigen und von ihrem jeweiligen Jahrgang erzählen. Unabdingbar dabei ist konsequente Handarbeit zu jeder Jahreszeit.

Weinempfehlung

2017 Riesling
vom Schiefer
Burg Layer Schlossberg trocken

Zu dem vegetarischen Gericht empfiehlt sich ein frischer, fruchtbetonter Weißwein wie dieser geradlinige Riesling. Er begleitet die Quiche gekonnt mit Aromen von Aprikosen, Pfirsichen, Zitrusfrüchten und Äpfeln, feinen Kräuternoten, mineralischen Anklängen und animierender Säure.

Alternativ empfiehlt
Christine Pieroth
2017 Weißburgunder
Burg Layer Schlossberg trocken

Fettuccine mit Lachs

Arbeitszeit Min. **10**

Koch-/Back Min **15**

Zutaten für 4 Personen

400 g rohes Lachsfilet

500 g Fettuccine

500 g passierte Tomaten

150 ml Silvaner trocken
(säurearmer Weißwein)

150 g Crème légère

2 Stück frisches Zitronengras

frischer Dill

Salz

Pfeffer

Olivenöl

Zucker

Zubereitung

Nudelwasser aufstellen.

Das rohe Lachsfilet von Gräten befreien und braune Stellen entfernen, dann in etwa 1,5–2 cm dicke Würfel zerteilen.

1 EL Olivenöl erhitzen, die Lachswürfel kurz anbraten, dann mit 150 ml Weißwein ablöschen.

Die passierten Tomaten und die Crème légère hinzugeben, vorsichtig durchmischen.

Am Zitronengras den Wurzelansatz und die äußeren Blätter entfernen, den Rest waschen.

Das Zitronengras mit einem Stößel zerfransen und in die Sauce geben.

Etwa 5–10 Min. leicht köcheln, dann das Zitronengras wieder entfernen.

Mit Salz, Pfeffer und Zucker abschmecken, zusammen mit den fertig gekochten Nudeln anrichten und mit Dillsträußchen garnieren.

Weingut Gemünden

Von der Arbeit im Weinberg über die Selektion und Lese bis hin zur Vinifizierung und Abfüllung: Die Weinerzeugung ist Wissenschaft und anspruchsvolles Handwerk zugleich. Tradition und Technologie, Natur und Mensch arbeiten harmonisch Hand in Hand. Unterschiedliche Faktoren wie Rebsorte, Boden, Klima und nicht zuletzt die Philosophie des Winzers spielen bei der Weinherstellung eine entscheidende Rolle und prägen den einzigartigen Charakter eines jeden Weins.

Unser Familienweingut legt seit jeher großen Wert auf eine beständige und verlässliche Qualität. Unsere erstklassigen Weißweine tragen unsere Handschrift und sind geprägt von der unverwechselbaren Bodenvielfalt des Nahelands und unserer Leidenschaft für Rebe, Traube und Wein.

Weinempfehlung

2017 Silvaner trocken

Die feine Würze dieses Silvaners harmoniert besonders gut mit dem Gericht. Der Wein zeichnet sich durch Apfel-, Birnen- und Kräuteraromen, vegetabile und erdig-nussige Anklänge sowie eine lebendige, sehr gut eingebundene Säure aus.

Alternativ empfiehlt Daniel Gemünden
2016 Riesling
Brückes trocken

Lachs in Zitronen-Sahne-Sauce
mit Bandnudeln

Arbeitszeit Min.
30

Koch-/Backzeit Min.
180

Zutaten für 4 Personen

600 g Lachsfilet

1–2 frische Zitronen
(je nach Geschmack)

500 ml Sahne

5–6 Knoblauchzehen (je nach Geschmack)

6 EL Olivenöl

Ghee (Butterschmalz)

weißer Pfeffer und Meersalz

Zucker

Petersilie

Bandnudeln

Zubereitung

Für die Marinade 6 EL Olivenöl, den Saft von 1–2 Zitronen und 5–6 gepresste Knoblauchzehen mit einer Prise Salz und Pfeffer vermischen.

Die Lachsfilets in große Würfel schneiden und in der Marinade 3–4 Stunden durchziehen lassen.

Den Lachs aus der Marinade nehmen und mit Ghee in einer Pfanne anbraten.

Den angebratenen Lachs mit der Marinade ablöschen und 500 ml Sahne dazugeben. Auf niedrigster Stufe ca. 5 Min. köcheln lassen.

Zum Schluss mit Salz, Pfeffer und einer Prise Zucker abschmecken.

Die gekochten Bandnudeln zusammen mit der Lachs-Sahne-Sauce anrichten und mit Petersilie bestreuen.

Weinhaus Paul Neumann & Sohn

Unser Weingut befindet sich inmitten des Weinanbaugebiets Nahe im schönen Weinort Wallhausen. Ich führe unseren modern ausgestatteten Familienbetrieb bereits in der 5. Generation. Die Wurzeln unseres Weinhauses reichen bis in das 19. Jahrhundert zurück.

Als Jungwinzer versuche ich, Innovation mit Tradition zu verbinden und dadurch nachhaltig charakterstarke Weine zu kreieren. Aufgrund von Säureempfindlichkeit in der ganzen Familie haben wir unser Hauptaugenmerk darauf gerichtet, säurearme Weine zu erzeugen.

Weinempfehlung

2017
Pinot Bianco -S- trocken

Zum Lachs mit Sahnesauce passt ein ausgewogener Burgunder-Weißwein sehr gut, und dieser vollmundige Weißburgunder hat auch genug Kraft für Knoblauch und Zitrone. Mit Aromen von Pfirsich, Aprikose und Apfel, zart kräuteriger und erdiger Würze, lebendiger Säure, Mineralität und Schmelz ist er ein gelungener Allrounder.

**Alternativ empfiehlt
Michael Neumann**
2017 Silvaner
-Alte Rebe- trocken

WEINREGION PFALZ

Weinregion Pfalz
Genuss entlang der Deutschen Weinstraße

Die Pfalz reicht etwa von Worms bis an die französische Grenze und von den Hängen des Pfälzerwalds bis in die Rheinebene. Die Deutsche Weinstraße verknüpft als erste und bekannteste Weinroute Deutschlands auf 85 Kilometern die 130 Weinorte des Anbaugebiets zwischen Bockenheim und Schweigen an der Grenze zum Elsass.

Mit rund 23.400 Hektar Rebfläche ist die Pfalz das zweitgrößte deutsche Weinbaugebiet und setzt sich aus den beiden Bereichen Mittelhaardt-Deutsche Weinstraße und Südliche Weinstraße zusammen. Ein hoher Anteil an Sonnentagen prädestiniert das Pfälzer Klima für den Weinbau, und die Bodenvielfalt reicht von Buntsandstein über kalkhaltigen Lehm und Ton bis zu Mergel und Keuper mit eingestreutem Muschelkalk sowie Granit-, Porphyr- und Schiefertoninseln.

Mit mehr als 5.000 Hektar Anbaufläche ist der Riesling in der Pfalz die wichtigste Rebsorte, doch auch Weiß- und Grauburgunder sowie Silvaner, Müller-Thurgau, Scheurebe, Gewürztraminer, Kerner und Morio-Muskat spielen eine Rolle. 40 Prozent der Rebstöcke zwischen Rhein und Haardtgebirge tragen inzwischen rote Trauben, vor allem Dornfelder, Portugieser, Spätburgunder und Regent; damit ist die Pfalz das größte deutsche Rotweingebiet.

Dass in der Pfalz besonders viel und gerne gefeiert wird, hat sich mittlerweile herumgesprochen. Die Weinfest-Saison beginnt mit dem Mandelblütenfest in Neustadt-Gimmeldingen und endet erst, wenn beim Martinus-Weinfest im November St. Martin im gleichnamigen Weindorf seinen Mantel teilt.

In Neustadt an der Weinstraße findet im Herbst das „Deutsche Weinlesefest" statt, und der „Dürkheimer Wurstmarkt", das größte Weinfest der Welt, lockt jedes Jahr über 600.000 Besucher nach Bad Dürkheim.

Sehenswürdigkeiten bieten neben den größeren Städten Bad Dürkheim, Neustadt und Landau besonders auch malerische Winzerdörfer wie St. Martin, Rhodt oder Gleiszellen, Freinsheim, Deidesheim oder Annweiler am Trifels mit mittelalterlichen Ortskernen, Burgen und Burgruinen.

Lage des Anbaugebiets Pfalz

Semmelknödel
mit Rahm-Pfifferlingen

Zutaten für 4 Personen

400 g Weißbrot
oder 8 Brötchen vom Vortag

360 ml Milch

4 Eier

500 g Pfifferlinge

4 kleine Schalotten

1 Stich Butter

1 Schuss Weißwein

100 ml Gemüsebrühe

400 ml flüssige Sahne

4 EL Crème fraîche

8 EL glatte Petersilie

Salz, Pfeffer, Muskatnuss

Arbeitszeit Min.	Koch-/Backzeit Min.
45	15

Zubereitung

Das Weißbrot in kleine Würfel schneiden und in eine Schüssel geben. Die Milch erwärmen, mit den Eiern verquirlen und kräftig mit Salz, Pfeffer und etwas frisch geriebener Muskatnuss würzen.

Die Eiermilch über das Weißbrot gießen und 2 EL der gehackten Petersilie hinzufügen. Anschließend alles mit den Händen gut durchkneten. Die Schüssel mit Frischhaltefolie abdecken und die Knödelmasse etwa 20 Min. ziehen lassen.

Die Pfifferlinge putzen, so dass sie von Erde und Sand befreit sind.

Die Schalotten sehr fein würfeln. In einer Pfanne die Butter erhitzen und die Pilze und die Schalotten darin bei mittlerer Hitze anbraten. Danach mit Weißwein ablöschen und einkochen lassen.

Gemüsebrühe, Sahne und Crème fraîche einrühren. Alles einmal aufkochen lassen, anschließend die Hitze reduzieren und 2 EL gehackte Petersilie einrühren. Bei kleiner Hitze alles etwa 15 Min. köcheln lassen.

Währenddessen die Knödel formen (das geht am besten mit feuchten Händen) und diese in siedendem Salzwasser gar ziehen lassen; das dauert je nach Größe der Knödel ca. 10–15 Min. Das Wasser darf dabei nicht kochen!

Die Knödel mit einer Kelle aus dem Topf heben und auf Tellern anrichten. Die Pfifferlinge noch mit Salz, Pfeffer und Muskatnuss abschmecken und über die Knödel geben.

Als Beilage empfehlen wir

Feldsalat

Weingut Eck

Familie Eck und ihre Vorfahren betreiben seit über 300 Jahren in Ilbesheim an der Südlichen Weinstraße Weinbau. Jürgen Eck – Winzermeister – ist der Betriebsleiter, er ist in erster Linie für den Anbau und die Pflege der Weinberge zuständig.

Mit seiner Tochter Jasmin – Bachelor für Weinbau und Oenologie – pflegt er in allen Bereichen des Weinguts einen intensiven Meinungsaustausch. Gemeinsam sind sie für den Ausbau der Weine verantwortlich.

Jasmin bringt zudem frischen Wind in das Weingut und kümmert sich um das Marketing und den Vertrieb der Weine.

Nach ihrem Studium hat sie Auslandserfahrung in Südafrika gesammelt. 2011/12 war Jasmin Weinprinzessin der Südlichen Weinstraße, und neben „Generation Riesling" ist sie auch Mitglied bei „Vinissima Frauen & Wein" und „Gast & Wein Ilbesheim".

Weinempfehlung

2017 Weißburgunder
Kalmit trocken

Zu Pilzen mit Sahne und Kräutern passt dieser ebenso geradlinige wie kraftvolle Weißburgunder vortrefflich: Er zeichnet sich durch Aromen von Äpfeln, Birnen, Zitrusfrüchten und Nüssen, zarte pflanzliche Würze, mineralische Noten, frische Säure und feinen Schmelz aus.

**Alternativ empfiehlt
Jasmin Eck**
2017 Grüner Silvaner trocken

Mangold-Quiche

Zutaten für 4 Personen

Mürbeteig

400 g Mangold

1 Zwiebel

2 Knoblauchzehen

Olivenöl

1 unbehandelte Zitrone

100 g Gruyère

200 g Sahne

100 ml Milch

4 Eier

Muskatnuss

Arbeitszeit **Min.**

Koch-/Backzeit **Min.**

60

40

Zubereitung

Einen Mürbeteig zubereiten und 1 Stunde kühl stellen.

Den Mangold waschen. Die Blätter vom Stiel trennen. Die Stiele klein und die Blätter in schmale Streifen schneiden.

Die Zwiebel und den Knoblauch schälen und in kleine Würfel schneiden. Etwas Olivenöl in der Pfanne erhitzen. Die Zwiebel, den Knoblauch und die Mangoldstiele darin andünsten (ca. 4 Min.).

Nun die Mangoldstreifen dazugeben und zugedeckt bei mittlerer Hitze weitere 5 Min. zusammenfallen lassen. Mit Salz, Pfeffer und dem Abrieb einer Zitronen-

2/3 des geriebenen Gruyère mit der Sahne, der Milch und den Eiern mischen und mit Salz, Pfeffer und Muskatnuss würzen.

Den Backofen auf 200 °C vorheizen. Eine Kuchenform leicht fetten und mit dem Mürbeteig auskleiden. Den Teig mehrmals mit der Gabel einstechen.

Die Mangoldmischung auf dem Teig verteilen und die Eier-Käse-Masse darüber gießen. Den restlichen Käse darauf streuen.

Die Quiche auf mittlerer Schiene im Ofen goldbraun backen.

Weingut Fitz-Schneider

Schon seit über 300 Jahren betreiben die Vorfahren der Familien Fitz und Schneider Weinbau und Landwirtschaft. Heute bewirtschaftet das Weingut 14 Hektar in den Edenkobener Lagen Bergel, Kirchberg, Heilig Kreuz und Heidegarten.

Christine Schneider stieg nach ihrem Abschluss als Weinbautechnikerin in den elterlichen Betrieb ein und ist seither die Kellerassel und auch für die Vermarktung verantwortlich. Zudem ist sie Mitglied der Generation Riesling, der Jungen Südpfalz und Interessentin bei Vinissima.

Seit 2016 ziert die neue Linie die Weinflaschen, eingeteilt in die Wertigkeit und Struktur verschiedener Stoffe: Leinen, Wolle, Seide. Diese sind als „Stofffetzen" am Etikettenrand zu fühlen. Als markantes Logo steht das Spinnrad für die Arbeit mit dem Ursprünglichen und die Entstehung von Neuem.

Weinempfehlung

2017 Grauburgunder
Edenkoben Heilig Kreuz trocken

Dieser Grauburgunder ist zur Mangold-Quiche eine ausgezeichnete Wahl: Die Aromen reichen von Blüten über gelbe und weiße Früchte (Pfirsich, Mirabelle, Litschi, Apfel, Birne, Zitrus) bis zu Nüssen, unterlegt mit zarter pflanzlicher Würze; die frische Säure und mineralische Noten unterstreichen die straffe, geradlinige Art.

Alternativ empfiehlt
Christine Schneider
2017 Spätburgunder
Edenkoben trocken

Tortelli alla Libelli

Frische Pasta gefüllt mit Spinat und Ricotta

Zutaten für 4 Personen

1.000 g Mehl (Klasse 00)

10 Eier

500 g Ricotta

Parmesan

Spinat

Muskat

Nelke

Cumin

Kümmel

Salbei

Arbeitszeit Min.	Koch-/Backzeit Min.
90	10

Zubereitung

Das Mehl mit den Eiern und nach Bedarf etwas Wasser vermischen und gut von Hand kneten; der Teig soll fest sein und in Form bleiben, wenn man ihn zu einer Wurst rollt. Anschließend den Teig etwas ruhen lassen.

Den Spinat in gesalzenem Wasser kochen, mit dem Messer klein hacken (nicht mit der Maschine, um die Konsistenz zu erhalten).

Den Ricotta mit 2 Handvoll Parmesan und dem Spinat vermengen, mit etwas Salz, Pfeffer, Muskat, Nelke, Cumin und Kümmel abschmecken. Die Füllung soll am Ende würzig und etwas salzig schmecken und von der Konsistenz her eher fest sein.

Den Teig in mehreren Schritten mit der Pastamaschine sehr, sehr dünn in Streifen ausrollen und diese bis 1/3 oder 1/4 mm Dicke ziehen.

Aus den Teigstreifen rautenförmige Vierecke schneiden, ca. 3–4 cm groß.

1 TL Füllung nehmen und mit dem Messer eine kleine Portion auf den Teig abstreifen. Die Tortelli mit der Füllung in die linke Hand nehmen, mit der rechten Hand den Teig abwechselnd von oben und unten zopfförmig zusammenfalten, gut andrücken.

Am besten frisch verzehren: in leicht gesalzenem Wasser maximal 2–3 Min. kochen; die fertigen Tortelli schwimmen obenauf. Sind die Tortelli schon einen Tag alt, dauert es länger, bis sie gar sind.

Anschließend die Tortelli in einer Pfanne mit etwas Butter und frischem Salbei schwenken, nach Belieben noch etwas Parmesan darüber streuen.

Alternative

Frische oder getrocknete Steinpilze in Butter und Wein einreduzieren und die Tortelli in der daraus entstandenen Sauce schwenken.

Weingut Margarethenhof Forst

Das Weingut Margarethenhof liegt in Forst an der Weinstraße, mitten in der Pfalz. Wir sind ein Familienbetrieb, in dem sich schon immer alles um die Arbeit in den Reben, der Natur und um die Gegend, in der wir wohnen, gedreht hat.

Weinbau spielt schon seit Generationen eine große Rolle in unserer Familie. Forst ist bekannt für seine herausragenden Riesling-Lagen.

Klar, dass auch wir zum Großteil Riesling anbauen. Unter unseren besten Forster Lagen sind bekannte Namen wie Ungeheuer, Pechstein, Jesuitengarten und Musenhang.

Das warme Klima der Pfalz und die Forster Weinbergslagen sind die besten Voraussetzungen für ausgezeichnete Weine. Ziel unserer Arbeit ist es, hochwertige Trauben zu erzeugen und deren Qualität beim Weinausbau und während der Reife im Keller zu erhalten.

Weinempfehlung

2016 Riesling
Forster Ungeheuer trocken

Dieser klare, kühle, geradlinige, saftige Riesling ist ein harmonischer Begleiter zu dem vegetarischen Nudelgericht und zeichnet sich durch Zitrus-, Apfel- und Kräuternoten, frische Säure, Mineralität und Nachhaltigkeit aus.

**Alternativ empfiehlt
Yvonne Libelli**
2016 Riesling
Forster Jesuitengarten trocken

Crème brûlée
Dessert

Zutaten für 4 Personen

ca. 500 ml Schlagsahne

4 Eigelb

2 ganze Eier

30 g Zucker

2 EL Puderzucker

1 ausgekratzte Vanilleschote

etwas Eierlikör

6 Förmchen mit ca. 125 ml Inhalt

Arbeitszeit Min.

30

Koch-/Backzeit Min.

25

Zubereitung

Die Sahne aufkochen lassen.

Eier und Eigelbe, Eierlikör und Vanillemark mit dem Zucker verrühren.

Dann mit der heißen Sahne verrühren.

In die Förmchen füllen und diese für 20–25 Min. im Wasserbad im Ofen garen.

Aus dem Ofen nehmen, etwas abkühlen lassen und mit dem Puderzucker 3–4 Min. karamellisieren.

Weingut Schweder Hochstadt/Pfalz

Im Weingut Schweder in Hochstadt wird der Dreiklang Innovation, Passion und Tradition großgeschrieben. Seit fünf Jahren tragen die Weine die Handschrift von Henrik Schweder, der nun in fünfter Generation für die Vinifikation der Weine zuständig ist. Moderne Wege gehen, Pionierarbeit bei PIWI-Sorten leisten und sich aber auch auf Traditionen besinnen.

Dies spiegelt sich im gesamten Familienweingut wieder. „Sortentypische, lebendig frische und fruchtige Weine, die für jeden Anlass geeignet sind und zu einem zweiten Glas einladen."

Das ist der Slogan von Henrik Schweder. Er setzt auf das Team Natur und Mensch, verzichtet auf Insektizide und Herbizide und legt großen Wert auf die Begrünung der Rebzeilen für eine steigende Bodenfruchtbarkeit und Artenvielfalt.

Weinempfehlung

2017 Riesling
Only for best friends lieblich

Dieser restsüße, ebenso feine wie vollmundige Riesling passt optimal zu diesem Dessert: Aromen von Aprikosen, Pfirsichen, Apfelkompott und kandierten Zitrusfrüchten, florale und kräuterige Anklänge, lebendige Säure und verführerischer Schmelz zeichnen ihn aus.

**Alternativ empfiehlt
Henrik Schweder**
2016 Ortega Beerenauslese süß

Ochsenbäckchen in Burgundersauce

Arbeitszeit Min. 60

Koch-/Backzeit Min. 210

Zutaten für 4 Personen

2 Ochsenbäckchen
1 Bund Suppengrün
2 Zwiebeln
1 Knoblauchzehe

2 EL Tomatenmark
2 Lorbeerblätter
Rinderbrühe
1 Prise Zucker

Öl zum Braten
Salz und Pfeffer
ca. 500 ml Rotwein

Zubereitung

Die Ochsenbäckchen parieren und scharf von beiden Seiten – am besten in einem gußeisernen Topf – braun anbraten, nach Belieben würzen und beiseite stellen.

Das Suppengrün, die Zwiebeln und den Knoblauch schälen, waschen und klein schneiden. Alles ebenfalls scharf anbraten, leicht mit Zucker bestreuen und mit dem Tomatenmark anrösten.

Die Gewürze dazugeben und mit dem Rotwein ablöschen; aufkochen lassen, die Brühe dazugeben, die Ochsenbäckchen hineinlegen und im Backofen bei 170–180 °C ca. 3–4 Stunden zart schmoren lassen.

Das Fleisch aus dem Topf herausnehmen, die Sauce durchsieben, final abschmecken und mit etwas kalter Butter binden. Das Fleisch in Tranchen schneiden und mit der Sauce und den Beilagen servieren.

Als Beilage empfehlen wir

Röstbrotnocken und karamellisierten Chicorée

Weingut Hauer

Wir sind ein aufstrebendes Familienweingut inmitten des Bad Dürkheimer Rebenmeers mit einer momentan bewirtschafteten Fläche von ca. 10 Hektar.

Ich, André Hauer, führe das Weingut zusammen mit meinem Vater Volker mittlerweile in der 3. Generation.

Besonders viel Herzblut stecken wir in außergewöhnliche und eher seltene Sorten, wie zum Beispiel den Cabernet Mitos, einen kräftigen, eher südländischen Rotwein, oder den Cabernet Blanc, die frische Alternative zum Sauvignon Blanc.

Grundsätzlich legen wir Wert darauf, allen unseren Weinen einen persönlichen Stempel zu verleihen, und wollen vielschichtige und fruchtige Weine produzieren, die einfach nur Spaß am Genießen bereiten.

Prost und guten Appetit!

Weinempfehlung

2015 Cuveé
GROSSE SAU(SE)
Bad Dürkheimer Feuerberg trocken

Dieser dichte, kraftvolle Rotwein ist genau die richtige Wahl zu den Ochsenbäckchen. Er vereint Aromen von dunklen Beeren und Kirschen mit leicht rauchigen und röstigen Holztönen sowie erdiger und kräuteriger Würze, kräftigem Tannin, lebendiger Säure und kühlen mineralischen Noten.

**Alternativ empfiehlt
André Hauer**
2016 Riesling
TRADITION
Bad Dürkheimer Rittergarten
trocken

Omas Fleischstrudel

Zutaten für 4 Personen

500 g Rinderhackfleisch
250 g Dinkelmehl (Typ 630)
400 ml Milch
3 Eier
1 mittelgroße Zwiebel
1 TL mittelscharfer Senf
50 g getrocknete Tomaten (ohne Öl)
eine Handvoll frische Kräuter

Arbeitszeit Min. 20

Koch-/Backzeit Min. 20

Zubereitung

Das Mehl, die Milch, 2 Eier und eine Prise Salz verrühren.

Mit dem Teig 4 bis 5 Pfannkuchen ausbacken und auskühlen lassen.

Die Zwiebeln und die Tomaten in feine Würfel schneiden, die Kräuter hacken und alle restlichen Zutaten mit dem rohen Hackfleisch vermengen. Gut würzen.

Die Hackfleischmischung auf die Pfannkuchen verteilen und gleichmäßig verstreichen.

Jeden Pfannkuchen einrollen und ca. 1 cm breite Rollen abschneiden.

Etwas Öl in der Pfanne erhitzen und die Strudel von beiden Seiten ausbacken (bei niedriger Temperatur, damit das Fleisch gar wird).

Warm servieren.

Als Beilage empfehlen wir

Wildkräutersalat oder grünen Blattsalat

KORE - Wein & Mehr, Laura & Fabian Kerbeck

Wir sind fest in der Pfalz und auch im Weinbau verwurzelt. Traditionen und unsere Kultur zu pflegen und zu erhalten, ist uns ein großes Anliegen - daraus gewinnen wir unsere Kreativität und unsere Motivation.

Mit KORE bringen wir auch unsere Wurzeln zusammen: Unser Rotwein gedeiht auf Hambacher Gemarkung, Lauras Heimat.

Die Rieslinge wachsen in Deidesheim, wo Fabian aufgewachsen ist und wir heute auch arbeiten und wohnen. „Im Kore" war der frühere spezifische Lagenname unseres ersten Weinbergs in Hambach.

Die Bedeutung des Wortes „Kore" leitet sich vom altdeutschen Wort „Kotten" ab, heute besser bekannt als Quitte. „Im Kore" bedeutet also so viel wie „Platz mit Quittenbäumen".

Weinempfehlung

2017 Riesling
Deidesheimer Herrgottsacker trocken

Die Würze des Gerichts fängt dieser Riesling mit seiner Fruchtfülle ein: Die Aromen reichen von Pfirsichen und Aprikosen über Mirabellen und Quitten bis zu Zitrusfrüchten, dazu gesellen sich Kräuternoten, eine harmonische Säure und ein zart süßlicher Schmelz.

Alternativ empfehlen
Laura & Fabian Kerbeck
2015er Hambacher Schlossberg
Rotwein trocken

Sommersalat

Arbeitszeit Min. 20

Koch-/Backzeit Min. 8

Zutaten für 4 Personen

3 Hände voll Rucola

4 große Scheiben altbackenes Bauernbrot

12 Scheiben Frühstücksspeck

2 große Hände voll Cherry-Tomaten, halbiert

2 kleine Zucchini, fein gehobelt

100 g Feta-Käse, mit den Fingern zerbröselt

frisches Basilikum

1 ganze Zwiebel, fein gewürfelt

2 Knoblauchzehen, fein gehackt

Olivenöl und heller Balsamico-Essig

Senf

frisch gemahlener Pfeffer

Zubereitung

Den Backofen auf 200 °C (Oberhitze oder Grillfunktion) vorheizen, das Brot in kleine Würfel schneiden.

Die Brotwürfel mit 1 EL Olivenöl verrühren und auf einem mit Backpapier belegten Backblech verteilen.

Den Speck daneben legen und beides für etwa 8 Min. ins obere Drittel des Backofens schieben.

Immer wieder nachschauen, dass nichts verbrennt.

Wenn die Brotwürfel goldbraun und knusprig sind, das Backblech herausnehmen und etwas abkühlen lassen.

Aus etwa 4 EL Olivenöl, 4 EL Balsamico-Essig, 2 TL Senf, dem Knoblauch und der Zwiebel ein Dressing zusammenrühren.

Alle restlichen Zutaten in einer Schüssel vermischen.

Das Dressing darüber geben, den Speck und die Brotwürfel darauf verteilen.

Als Beilage empfehlen wir

Gegrilltes

Weingut Jürgen Andres

Mein Ziel sind ehrliche, naturbelassene Weine, authentische Charaktertropfen, die Lust auf den nächsten Schluck machen – spontan vergoren, die Frucht soll unverändert in die Flasche.

Ohne Zwang und ohne Einschränkung dürfen unsere Weine zu dem werden, was ihnen die Natur vorgibt, dieses Vertrauen schenke ich ihnen.

Daher kann es je nach Jahr, Lust und Laune auch andere Weine oder etwas anderes geben, was mir so einfällt. Nach der Lese und einer schonenden Verarbeitung des Leseguts kommt der Traubenmost ins Fass und entwickelt dort während der spontanen Gärung seinen unverwechselbaren Geschmack.

Hier im Keller wird kaum mehr eingegriffen, so bekommen die Weine das, was sie brauchen: Zeit und Ruhe zum Reifen, und sie entfalten ihren individuellen Charakter.

Weinempfehlung

2017 Riesling
Helden in Gummistiefeln trocken

Dieser saftige Riesling passt bestens zum sommerlichen Salat.

Mit Zitrus-, Apfel- und Pfirsicharomen, pflanzlichen und mineralischen Noten, frischer Säure und zartem Schmelz sorgt er für leichten und ausgewogenen Genuss.

**Alternativ empfiehlt
Yvonne Andres**
2017 Cuvée Helden in Gummistiefeln trocken
(Weißburgunder und Auxerrois)

Bei Niedrigtemperatur gegartes, winterlich mariniertes Roastbeef

Ideales Rezept für festliche Anlässe

Arbeitszeit Min.	Koch-/Backzeit Min.
60	150

Zutaten für 4 Personen

1200 g Roastbeef ohne Schwarte

125 ml Orangensaft

2 gehackte Knoblauchzehen

3 EL Olivenöl

2 EL Balsamico-Essig

2 TL grobes Meersalz

1,5 TL getrockneter Oregano

1 TL Tabasco

0,5 TL Zimt

1 Prise frisch gemahlener Pfeffer

Zubereitung

Die genannten Zutaten für die Marinade in einem Messbecher verrühren. Das Roastbeef in eine flache Schüssel oder Auflaufform legen und mit der Marinade übergießen, so dass das komplette Roastbeef mit Marinade bedeckt wird.

Die Schüssel abdecken und die Marinade mindestens 12 Stunden im Kühlschrank einziehen lassen. Das Roastbeef kann in dieser Zeit ab und zu gewendet werden, um die Marinade gleichmäßig zu verteilen.

Etwa 2 Stunden vor dem Braten das Roastbeef aus dem Kühlschrank holen und Zimmertemperatur annehmen lassen.

Den Backofen auf 80 °C vorheizen.

Das Roastbeef von beiden Seiten in Butterschmalz scharf anbraten, damit sich Röstaromen und eine Kruste bilden können.

Das Roastbeef für ca. 2,5 Stunden in den Backofen geben. Die Garzeit variiert in Abhängigkeit von der Größe des Roastbeefs. Wer auf Nummer sicher gehen will, verwendet ein Fleischthermometer, um den optimalen Gargrad zu bestimmen (optimal 63 °C).

Durch die niedrige Temperatur gart das Fleisch sehr langsam. Es ist kein Problem, wenn das Roastbeef etwas länger als geplant im Ofen bleibt. Gerade an Feiertagen hat sich bei uns diese Variabilität als sehr praktisch erwiesen.

Das Roastbeef nach dem Garen kurz (1–2 Min.) ruhen lassen und dann in Scheiben aufschneiden. Am besten mit etwas Rotweinjus und Beilagen auf dem Teller anrichten.

Als Beilage empfehlen wir

Herzoginkartoffeln oder Kroketten und grüne Bohnen im Speckmantel

Weingut Reinhardt

In unserem seit drei Generationen bestehenden Weingut bewirtschaften wir eine Rebfläche von 17 Hektar in den besten Lagen der Pfalz. Sie erstrecken sich von Ruppertsberg über Deidesheim, Niederkirchen und Forst bis nach Wachenheim.

Wie für unsere Region typisch, ist auch bei uns die dominierende Rebsorte der Riesling. Wir führen alle Produktionsschritte in unserem Weingut selbst durch.

Dadurch können wir unser Ziel kompromissloser Qualität ohne Wenn und Aber sicherstellen.

Als eng mit der Natur verbundenem Betrieb liegen uns außerdem nachhaltige und ressourcenschonende Produktionsmethoden am Herzen und sind Teil unserer Firmenphilosophie.

Weinempfehlung

2015 St. Laurent
Niederkirchner Schloßberg trocken

Ein charaktervoller, eleganter Rotwein begleitet das Roastbeef optimal. Dieser saftige, nachhaltige St. Laurent empfiehlt sich mit Aromen von Erdbeeren, Himbeeren, Kirschen, Gewürzen und Schokolade, lebendiger Säure und geschliffenem Tannin.

Alternativ empfiehlt
Lukas Reinhardt
2016 Weißburgunder
Deidesheimer Nonnenstück trocken

Spargelquiche

Arbeitszeit Min. 40

Koch-/Backzeit Min. 60

Zutaten für 4 Personen

1.000 g Spargel
(weiß und grün gemischt, geschält)

500 g trockene Erbsen zum Blindbacken

150 g gekochter Schinken

200 ml Sauerrahm

4 Eier

1 Bund Kerbel

120 g Gruyère

6 Cocktail-Tomaten

250 g Mehl

120 g Butter

1 Ei

Zubereitung

Mehl, Butter, Ei und eine Prise Salz wie einen Mürbeteig zum Quicheteig kneten, 30 Min. eingewickelt im Kühlschrank ruhen lassen.

Den geschälten weißen Spargel in ca. 3 cm lange Stücke schneiden und bissfest (5 Min.) garen. Danach aus der Brühe nehmen und warm halten. Den grünen Spargel gerne im separaten Topf in etwas Gemüsebrühe ebenso garen.

Den gekochten Schinken in Würfel schneiden. Die Eier gut verquirlen, den Sauerrahm und den kleingehackten Kerbel dazu geben. Dann mit Salz, frischem Pfeffer und frisch geriebener Muskatnuss abschmecken.

Den Teig auf einer bemehlten Arbeitsplatte ausrollen und die gebutterte Quicheform damit auslegen, dabei den Teig bis zum Rand hochziehen. Den Teigboden mit einer Gabel mehrmals einstechen.

Den Boden mit einem passend rund zugeschnittenen Backpapier auslegen und darauf die trockenen Erbsen zum Blindbacken schütten.

Bei 180 °C im vorgeheizten Backofen ca. 15 Min. vorbacken. Die Form aus dem Backofen nehmen. Kurz stehen lassen, dann die Erbsen und das Backpapier entfernen. Die Erbsen können erkaltet aufgehoben und mehrfach wieder zum Blindbacken verwendet werden.

Nun die abgetropften Spargelstücke und den gewürfelten Schinken auf dem Boden verteilen, den geriebenen Käse darüber streuen und mit der Eier-Rahm-Mischung langsam übergießen.

Zum Schluss die halbierten Cocktail-Tomaten als Garnitur auflegen. Bei 180 °C weitere 25 Min. backen; das Ei sollte gestockt sein. Aus dem Ofen nehmen und kurz ruhen lassen.

Als Beilage empfehlen wir

Saisonalen Salat

Weingut Peter Stolleis

Wir sind seit vielen Generationen dem Wein verbunden – der erste eigene Weinberg wurde 1668 bepflanzt, das Weingut besteht seit 1863. Zusammen mit meinen Eltern Peter und Claudia führen wir den Familienbetrieb mit 20 Hektar Reben auf besten Böden im pfälzischen Weinort Gimmeldingen.

Zu den Lagen zählen neben den Gimmeldinger Top-Lagen Mandelgarten und Biengarten, Königsbacher Ölberg, Mußbacher Eselshaut sowie der bekannten Gimmeldinger Meerspinne auch die Spitzenlagen benachbarter Gemeinden wie Haardter Herzog oder Ruppertsberger Nußbien.

Riesling ist natürlich unser Steckenpferd, doch es gibt noch mehr: Weißburgunder, Grauburgunder, Auxerrois, Sauvignon Blanc, Scheurebe sowie auf der Rotweinseite Spätburgunder fühlen sich auf den Gimmeldinger Böden sichtbar wohl.

Weinempfehlung

2015 Chardonnay & Pinot Noir
Crémant Pfalz herb

Mit seinen Aromen von gelben Früchten, Nüssen und Blüten passt dieser saftige, nachhaltige Schaumwein sehr gut zur Quiche mit Spargel. Seine feine Säure, sein Schmelz und seine lebendige Perlage runden den Genuss ab.

**Alternativ empfiehlt
Hans Christoph Stolleis**
2017 Weißburgunder trocken

Goldmuskateller-Hähnchen
mit Trauben

Arbeitszeit
Min.

Koch-/Backzeit
Min.

90

30

Zutaten für 4 Personen

1 Hähnchen oder 2 Stubenküken

Salz und frisch gemahlener Pfeffer

1 EL Mehl

1/2 Stange Lauch
und 1 Stange Staudensellerie

4 Schalotten und
4–5 Champignons

1 EL Butter und Distelöl zum Braten

200 ml Goldmuskateller
und 500 ml Geflügelfond

250 g Sahne

200 g Muskateller-Trauben

1 EL geschlagene Sahne

Saft von 1/2 Zitrone

Zubereitung

Das Hähnchen bzw. die Stubenkücken halbieren, dabei den Flügelknochen an der Brust belassen. Die Keulen abtrennen.

Alle Fleischteile mit Salz und Pfeffer würzen und mehlieren.

Den Lauch, den Staudensellerie und die Champignons putzen und waschen. Die Schalotten schälen und alles in grobe Stücke schneiden.

1 EL Butter und etwas Distelöl in einem Schmortopf erhitzen. Das Geflügel mit der Hautseite nach unten hineinlegen und bei mittlerer Hitze beidseitig leicht bräunen. Das vorbereitete Gemüse hinzugeben und ca. 6 Min. mitschwitzen.

Die Zutaten mit Mehl bestäuben, mit dem Wein ablöschen, die Flüssigkeit fast vollständig reduzieren und den Geflügelfond angießen.

Den Topf mit einem Deckel verschließen und bei mittlerer Hitze ca. 15 Min. köcheln lassen.

Die Hähnchenbrüste herausnehmen und warm stellen. Die Keulen weitere 15 Min. garen. Während der Garzeit die Trauben waschen, halbieren und evtl. Kerne entfernen.

Sobald das Hähnchen gar ist, die Sauce durch ein Sieb passieren und stark einkochen lassen. Mit Sahne binden und mit Salz und Zitronensaft abschmecken.

Die Trauben hinzugeben, 1 EL geschlagene Sahne unterheben und alles in einer Schüssel anrichten.

Als Beilage empfehlen wir

Kräuterreis

Weingut Ökonomierat Lind

Unser Weingut liegt in der Südpfalz an der Südlichen Weinstraße, einer der innovativsten Weinregionen Deutschlands mit mediterranem Klima. Auf unseren fruchtbaren Löss-Lehmböden gedeihen gehaltvolle Weine verschiedenster Rebsorten. Wir lieben die Natur und das, was wir täglich tun – deshalb wirtschaften wir ökologisch.

Der Erhalt der Bodenfruchtbarkeit und die Förderung der Artenvielfalt stehen im Mittelpunkt eines nachhaltigen Weinbaus. Durch die Einsaat von Kräutern fördern wir die Biodiversität und erhalten ein intaktes Ökosystem.

Wir verzichten auf Klärungs- und Schönungsmittel und bauen unsere Weine behutsam aus. Durch das „Sur-lie-Verfahren" nehmen sie mehr Extrakt und Aromen auf, und ein biologischer Säureabbau garantiert harmonischen Geschmack.

Weinempfehlung

2017 Elenas Goldmuskateller trocken

Ein aromatischer Weißwein prägt und begleitet das Geflügelgericht gleichermaßen – wie dieser geradlinige, saftige Goldmuskateller, der sich mit Noten von gelben und weißen Früchten, typischen Anklängen an Blüten, Muskat und Kräuter, frischer Säure und mineralischen Nuancen empfiehlt.

**Alternativ empfiehlt
Elena Lind**
2016 Gewürztraminer trocken

Fischfilet mit Kräuterkruste
auf Kürbis-Risotto

Zutaten für 4 Personen

800 g Fischfilet
(z.B. weißer Kabeljau, Seelachs)

50 g Toastbrot
oder Weißbrot vom Vortag

2 Zweige Rosmarin

5 Zweige Thymian

4 EL gehackte Petersilie

1 EL Kapern

abgeriebene Schale
einer halben Bio-Zitrone

5–6 EL Olivenöl

Salz, Pfeffer

1 TL Dijon-Senf

2 EL Butter

Arbeitszeit Min.	Koch-/Backzeit Min.
20	15

Zubereitung

Den Backofen auf 200 °C (Umluft 180 °C) vorheizen. Die Fischfilets kalt abbrausen und gut trockentupfen.

Das Brot in Würfel schneiden und zu mittelkleinen Bröseln mahlen.

Die Kräuter waschen und trockentupfen, abzupfen und fein hacken und zusammen mit der Petersilie zu den Brotkrümeln geben.

Die Kapern fein hacken und mit der Zitronenschale und 4 EL Öl unter das Brot mischen. Die Brotmischung leicht salzen und pfeffern.

Mit dem übrigen Öl den Boden einer flachen ofenfesten Form ausstreichen.

Die Fischfilets auf einer Seite salzen und pfeffern, mit dieser Seite nach unten nebeneinander in die Form legen.

Dann die Oberseite dünn mit dem Senf bestreichen und ebenfalls salzen und pfeffern.

Nun die Bröselmasse gleichmäßig auf dem Fisch verteilen und leicht andrücken. Die Butter in dünne Flöckchen schneiden und darauf verteilen. Die Filets im Ofen 12–15 Min. garen.

Als Beilage empfehlen wir

Kürbis-Risotto

Weingut Geiger

„Mir sin wasch'echde Südpälzer!" Schon seit vielen Generationen sind wir Geigers im Landkreis Südliche Weinstraße zu Hause und machen Wein. Der ist für uns mehr als ein Genussmittel: Er ist ein Lebensgefühl. Unser Klima: so mild, dass Mandeln und Pfirsiche gedeihen. Unsere Böden: fruchtbar, mineralstoffreich und unglaublich vielfältig. Unsere Weinberge: saftig grün, sanft gewellt und sauber gekämmt. Unsere Trauben: von 2.000 Sonnenstunden im Jahr verwöhnt und reif.

Unser Motto: das Leben genießen. Am liebsten umgeben von Freunden, Nachbarn, der ganzen Familie – und mit einem Glas Wein in der Hand.

Tobi Geiger, Techniker für Weinbau und Oenologie, übernahm 2014 von seinem Vater Werner die Arbeiten im Keller. Die 20 Hektar Rebfläche bewirtschaftet die Familie ganz ohne Fremdarbeitskräfte.

Weinempfehlung

2017 Weiß- und Grauburgunder
Zwilling Weißwein trocken

Zum Fisch mit Kräutern ist diese harmonische weiße Cuvée mit ihrer saftigen Art und ihrer wohl dosierten Kraft genau richtig. Der Wein zeichnet sich durch Aromen von gelben Früchten, Blüten und Kräutern, erdig-mineralische Töne und eine lebendige, frische Säure aus.

**Alternativ empfiehlt
Tobias Geiger**
2017 Weißburgunder trocken

Fischsuppe
mit Zitronengras

Arbeitszeit Min. 30

Koch-/Backzeit Min. 20

Zutaten für 4 Personen

1 l Fischfond und
500 ml Kokosmilch

600 g weißer Seefisch
(z.B. Kabeljau)

400 g rote Paprikaschoten

1 grüne Chilischote

1 Bund Frühlingszwiebeln

1 Bund Koriander

1 Stück Ingwer (ca. 40 g)

2 EL Limettensaft

3–4 Kaffirlimettenblätter

3 Stangen Zitronengras

je 3 EL Thai-Fisch-, Sweet-Chili-
und Sojasauce

Zubereitung

Den Ingwer schälen und ganz fein hacken. Das Zitronengras waschen, die äußeren, harten Blätter sowie den oberen Teil abschneiden, so dass nur das untere, helle Stück übrig bleibt (ca. 5–6 cm). Dieses beiseite stellen.

2 EL neutrales Öl in einem Topf erhitzen und den gehackten Ingwer darin anrösten. Mit dem Fond ablöschen. Die äußeren Blätter des Zitronengrases sowie die Kaffirlimettenblätter hineingeben und ca. 15 Min. köcheln lassen.

Die Paprika waschen, vom Strunk befreien und in kleine Stücke schneiden. Die Chilischote waschen, von den Kernen befreien und in dünne Ringe schneiden. Die Frühlingszwiebeln putzen, waschen und in Ringe schneiden.

Das weiße Stück des Zitronengrases in sehr feine Ringe schneiden. Den Koriander waschen, die Blätter abzupfen und hacken.

Den Fisch waschen, trockentupfen und in mundgerechte Stücke schneiden; eventuell vorhandene Gräten entfernen.

Den Fond durch ein Sieb geben und in einem Topf auffangen. Kokosmilch, Limettensaft, Chilisauce, Sojasauce und Fischsauce hinzugeben und erhitzen.

Paprika, Chilischote, Frühlingszwiebeln und Fisch in den Fond geben und ca. 5 Min. bei mittlerer Temperatur gar ziehen lassen.

Die Suppe mit den Saucen abschmecken und mit Koriander bestreut servieren.

Als Beilage empfehlen wir

Jasminreis

Weingut Frederik Janus

Ursprünglich kommen wir, Katharina und Frederik Janus, aus der Hansestadt Bremen, wo sehr gerne Wein getrunken wird, die Suche nach Weinbergen jedoch vergebens bleibt. So machten wir uns nach der Ausbildung zum Winzer und dem Weinbaustudium in Geisenheim bzw. dem Studium der Ernährungswissenschaft in

Gießen auf den Weg in die Pfalz und gründeten hier 2013 unser eigenes Weingut. Mit einem Hektar gestartet, bewirtschaften wir mittlerweile 6 Hektar Rebflächen in und um Herxheim am Berg. Der Betriebsaufbau fordert jeden Tag aufs Neue unsere Leidenschaft und Energie – mit Freude stellen wir uns dem Naturprodukt Wein. Unser Handwerk und die Böden Herxheims spiegeln sich in unseren Weinen wider.

Weinempfehlung

2015 Herxheimer Chardonnay trocken

Dem asiatisch gewürzten Gericht steht am besten ein anpassungsfähiger Weißwein zur Seite – wie dieser zugleich geradlinige und weiche Chardonnay, der dank Aromen von gelben Früchten, Blüten, Kräutern und Nüssen, lebendiger Säure und zartem Schmelz sehr gut harmoniert.

**Alternativ empfiehlt
Katharina Janus**
2017 Grauburgunder trocken

Lachs
mit Parmesan-Kräuter-Walnuss-Kruste

Arbeitszeit Min. **20**

Koch-/Backzeit Min. **25**

Zutaten für 4 Personen

800 g Lachs mit Haut

1 unbehandelte Zitrone

1 Knoblauchzehe

1 Bund Petersilie

1 Zweig Salbei

60 g Walnüsse

40 g Parmesan, frisch gerieben

2 EL Butter

250 g Vollmilchjoghurt

Meersalz und Pfeffer

Zubereitung

Den Lachs abspülen und mit Küchenpapier trockentupfen.

Die Schale der Zitrone mit einem Zestenreißer abziehen oder mit einer feinen Reibe abraspeln.

Den Knoblauch, die Petersilie und die Walnüsse säubern und danach kleinhacken.

Die Zitronenschale, den Knoblauch, die Kräuter, die Nüsse, den Parmesan, Meersalz und Pfeffer mit 1 EL weicher Butter gut vermischen.

Den Backofen auf 200 °C Ober-/Unterhitze oder 180 °C Umluft vorheizen.

Den Lachs auf die Hautseite in eine ofenfeste, mit Butter ausgestrichene Form legen.

Die Kräuter-Nuss-Mischung schön gleichmäßig auf den Fisch verteilen und mit den Händen leicht andrücken. Danach die Form in den Ofen schieben und den Lachs etwa 25 Min. backen.

Den gut gekühlten Joghurt mit Salz und Pfeffer würzen und zum Lachs servieren.

Als Beilage empfehlen wir

Butterkartoffeln oder frisches Baguette

Weingut Rummel

Unser Weingut liegt im kleinen Ort Hochstadt/Pfalz am Rande der Südlichen Weinstraße, etwa 8 Kilometer von Landau entfernt. Nach jahrzehntelanger Tradition eines landwirtschaftlichen Mischbetriebs widmet sich unser Weingut seit 2005 voll und ganz dem Weinbau.

Die Grundlage für unsere Weine sind die kalkhaltigen, teils sandigen Lösslehm-Böden, auf denen rund um Hochstadt unsere Reben gedeihen.

Seit 2016 ist Patric zuständig für die Traubenproduktion und den Weinausbau, wodurch er nun das Weingut in der 3. Generation weiterführt.

In unserer neuen Linie GENERATIONSWECHSEL verringern wir unsere Erträge durch sorgfältige Handarbeit, um die Qualität zu steigern. Durch die Balance zwischen alter Tradition und neuen Ideen erzeugen wir fruchtige, sortentypische und charakterstarke Weine.

Weinempfehlung

2017 Chardonnay trocken

Ein runder Weißwein aus einer Burgundersorte begleitet den Lachs perfekt. Dieser saftige, geradlinige Chardonnay empfiehlt sich mit Aromen von gelben und weißen Früchten, Blüten und Kräutern, zarter Würze und lebendiger Säure.

**Alternativ empfiehlt
Patric Rummel**
2017 Weißburgunder trocken

Spaghetti
mit Garnelen und Avocado

Arbeitszeit Min. 10

Koch-/Backzeit Min. 5

Zutaten für 4 Personen

500 g Spaghetti

1 Knoblauchzehe

20–30 geschälte Garnelen

3 kleine Avocados

Saft von 1/2 Zitrone

2–3 El Sonnenblumenöl

Pfeffer aus der Mühle

100 ml trockener Sauvignon Blanc

10 ml Gemüsebrühe

Salz aus der Mühle

Zubereitung

Die Spaghetti in Salzwasser kochen. Den Knoblauch schälen und fein würfeln. Die Garnelen waschen und abtropfen lassen.

Die Avocados schälen und in Streifen schneiden. Danach mit dem Zitronensaft beträufeln.

Das Öl in einer Pfanne erhitzen und den Knoblauch und die Garnelen ca. 3 Min. rosa anbraten, dann mit Pfeffer und Salz würzen.

Alles mit dem Weißwein und der Brühe ablöschen und etwas köcheln lassen. Dann die Avocadostreifen hinzufügen.

Die Spaghetti abgießen und in tiefen Tellern anrichten.

Die Garnelen-Avocado-Mischung darauf verteilen und servieren.

Im Teller nochmals mit grobem Pfeffer würzen.

Weinhaus Franz Hahn

Franz Hahn war ein Mensch, der Ideen nicht nur als Ideen sah, sondern es sich zur Aufgabe machte, diese auch umzusetzen. Grund genug für die Familie Hochdörffer, nicht nur diesen Betrieb weiterzuführen, sondern auch diesen Namen zu erhalten. Zuzusehen, wie etwas Neues entsteht, wie man aus dem Kleinen etwas Großes machen kann – das ist das, was Martin und Yvonne Hochdörffer fasziniert.

Das war der Antrieb, im Weinhaus Franz Hahn zu entstauben und die Grätsche zwischen Tradition und Moderne zu wagen – Spagat kann nicht jeder. Die beiden haben sich bewusst für das Entstauben entschieden, Altes erhalten und Neues mit ins Boot geholt und miteinander vereint.

Der Ausbau der Weine ist für die beiden der Erziehung ihrer drei Kinder ähnlich, es erfordert eine Menge Zeit und Muße, um die Eigenheiten und Stärken herauszukitzeln. Die Liebe zum Holz darf hier auf keinen Fall zu kurz kommen. Beim Weinhaus Franz Hahn hat jeder seinen Platz im Fass, egal ob Rot oder Weiß.

Weinempfehlung

2017 Sauvignon Blanc Pfalz trocken

Dieser Sauvignon Blanc passt bestens zu Meeresfrüchten und Gemüse, den beiden Hauptzutaten des Gerichts: ein geradliniger Wein mit sortentypischen Aromen von Paprika, Kräutern, Stachelbeeren, Zitrusfrüchten und Gras sowie einer frischen Säure.

**Alternativ empfiehlt
Martin Hochdörffer**
2017 Scheurebe Pfalz trocken

Scharfe Linsensuppe
mit knusprig gebratenen Shrimps und Mango

Arbeitszeit Min.
15

Koch-/Backzeit Min.
30

Zutaten für 4 Personen

250 g grüne Puy- oder Berglinsen

2 Schalotten, 1 Knoblauchzehe

3 EL Pflanzenöl

1–2 TL rote Currypaste

400 ml Kokosmilch

500 ml Gemüsebrühe

2 Kaffirlimettenblätter

geriebener Ingwer

150 g kleine Shrimps

1 reife Mango

1 Bund Koriander

3 Frühlingszwiebeln

Salz, schwarzer Pfeffer aus Mühle, 1 Prise Zucker

Zubereitung

Die Linsen waschen, in kochendem Wasser 5 Min. blanchieren, abgießen und kalt abspülen.

Die Schalotten und den Knoblauch schälen und fein würfeln. 1–2 EL Öl in einem Topf erhitzen, darin die Schalotten- und Knoblauchwürfel anschwitzen. Die rote Currypaste hinzufügen und kurz mit anschwitzen.

Die Linsen dazugeben, mit Kokosmilch und Gemüsebrühe auffüllen. Die Kaffirlimettenblätter und den geriebenen Ingwer dazugeben. Die Suppe etwa 30 Min. kochen lassen.

Die Shrimps in etwas Öl bei niedriger Hitze von beiden Seiten knusprig braten.

Die Mango schälen, das Fruchtfleisch in Würfel schneiden.

Wenn die Linsen weich sind, die Suppe mit Salz, schwarzem Pfeffer und etwas Zucker abschmecken.

Den Koriander waschen und klein hacken, die Frühlingszwiebeln waschen und in feine Ringe schneiden.

Die Suppe in Teller füllen und mit Mango, Shrimps, Koriander und Frühlingszwiebeln garnieren.

Weingut Gerhard Klein

Das „Weinmachen" steckt seit mehr als 350 Jahren in der Familie. Die Kleins lieben den Wein, und unsere Arbeit macht uns Riesenspaß. Das spürt man.

Heute sind es wir, Peter und Barbara Klein, die Tradition, Können und Innovation zusammenbringen.

So erzeugen wir Weine aus klassischen Rebsorten, deren Stil den Charme und Charakter unserer Region widerspiegelt, pflegen aber auch den Anbau von Grünem Veltliner und Sauvignon Blanc in ihrer schönsten Form.

Weinempfehlung

2017 Sauvignon Blanc
Fumé trocken

Dem facettenreichen Gericht steht dieser charaktervolle Sauvignon Blanc souverän zur Seite: Er präsentiert sich kraftvoll und saftig und zeichnet sich durch Aromen von Rhabarber, Stachelbeere, Cassis, Kräutern, Zitrusfrüchten und Gras, leicht rauchige Anklänge an Feuerstein, eine lebendige, feine Säure und mineralische Noten aus.

**Alternativ empfiehlt
Peter Klein**
2017 Riesling
Kabinett halbtrocken

Flambierte Jakobsmuscheln auf Riesling-Réserve-Schaum

an karamellisiertem Birnen-Salbei-Bio-Risotto

Arbeitszeit Min.

20

Koch-/Backzeit Min.

30

Zutaten für 4 Personen

400 g Bio-Risotto-Reis

1 Handvoll Salbei-Blätter

2 Zwiebeln (gewürfelt)

2 große Birnen

2 Sternanis, 10 Gewürznelken

je 4 EL Öl, Butter, Weißwein und Sahne

1 Schalotte

1 EL Butter

500 ml Fischfond

100 g Fenchel

1 Lorbeerblatt

300 ml Riesling Réserve Neuspergerhof

4 Jakobsmuscheln

etwas Zitronensaft, Salz, Pfeffer

Cognac

Puderzucker

150 g Crème fraîche

Zubereitung

Eine Gemüsebrühe vorbereiten und warm stellen. Die gewürfelte Zwiebel in Öl oder Butter anbraten, den Reis dazugeben und weiter anbraten, bis dieser glasig ist.

Den Reis mit ca. 200 ml Riesling Réserve ablöschen. Warten, bis der Wein durch den Reis fast aufgesogen wurde. Anschließend die Gemüsebrühe nach und nach hinzugeben.

Die Birne in dünne Scheiben schneiden und in einer kleinen Pfanne mit Butter schwenken. Die Birnenscheiben mit Puderzucker bestreuen und karamellisieren. Dem Risotto nach ca. 20 Min. hinzufügen.

In einer weiteren Pfanne Butter erhitzen und darin den Sternanis, den Salbei und die Nelken ca. 5 Min. schwenken. Den Salbei und die Butter anschließend zu dem Risotto geben. Das Risotto mit etwas Sahne, Salz und Pfeffer abschmecken.

Für den Riesling-Réserve-Schaum: Die Schalotte würfeln und mit dem Fenchel andünsten. Mit ca. 100 ml Riesling Réserve ablöschen. Den Lorbeer, die Nelken und den Fischfond hinzugeben und langsam einkochen lassen.

Danach den Sud durch ein Sieb passieren. Die Crème fraîche zugeben.

Die Sahne steif schlagen. Den Riesling-Réserve-Schaum mit Salz und Pfeffer abschmecken und pürieren. Die Sahne unterheben und sofort servieren.

Öl oder Butter in einer breiten Pfanne erhitzen. Die Jakobsmuscheln mit Zitronensaft, Salz und Pfeffer würzen und dann ca. 2 Min. auf einer Seite garen. Danach wenden und mit einem Schuss Cognac übergießen, flambiert 2 Min. weitergaren.

Bioland Weingut Neuspergerhof

Der Winzersohn Jochen Gradolph ist als studierter Betriebswirt ein typischer Quereinsteiger. 2009 übernahm er das elterliche – bis dahin unbekannte – Weingut Neuspergerhof und strukturierte es komplett neu.

Seit mehreren Jahren werden alle Weinberge nach den strengen Richtlinien des Bioland-Verbands bewirtschaftet. Jochen Gradolph ist seit Jahren für den Weinausbau verantwortlich und erzielt beachtliche Erfolge.

Er wurde im Jahr 2016 von der DLG zum Jungwinzer des Jahres erkoren. Ein Jahr später erfolgte die Auszeichnung als VINUM-Winzertalent.

Auch die BILD-Zeitung wurde auf das Weingut aufmerksam und empfahl es im Jahr 2017 in einer Jubiläums-Ausgabe. Die Weine des Neuspergerhofs wurden aus mehreren hundert Gewächsen für den Ausschank der Spiele der DFB-Nationalmannschaft ausgewählt.

Weinempfehlung

2016 Riesling Réserve Lagenwein
Mandelpfad trocken

Dieser vollmundige, gleichermaßen feine und kraftvolle, leicht gereifte Riesling verleiht bereits dem Gericht Charakter und ist daher der ideale Begleiter zum Essen. Das Aromenspiel reicht von Zitrusfrüchten, Aprikosen, Pfirsichen und Äpfeln über Kräuter und Eukalyptus bis zu Karamell, dazu kommen erdig-mineralische Töne, eine feine, frische Säure und ein feiner Schmelz.

**Alternativ empfiehlt
Jochen Gradolph**
2017 Chardonnay Barrique Lagenwein
Sperberbaum trocken

Pad Thai
mit Shrimps

Arbeitszeit Min. **20**

Koch-/Backzeit Min. **10**

Zutaten für 4 Personen

750 g Shrimps

330 g trockene Reisnudeln

2 Eier Größe L

2 Karotten und 2 Paprika
(in Streifen geschnitten)

2 Knoblauchzehen und 2 Zwiebeln
(gehackt)

150 g Sojasprossen

1 Limette

45 g brauner Zucker

2 TL Pflanzenöl

2 TL Reisessig

4 TL Fischsauce

wahlweise Chili, Erdnüsse
und Koriander

Zubereitung

Die Reisnudeln in einer großen Schüssel nach Anleitung mit heißem Wasser quellen lassen.

Das Öl in einer Pfanne auf mittlerer Stufe erhitzen, anschließend die Shrimps anbraten, bis sie leicht braun sind.

Die Paprika- und Karottenstreifen hinzugeben und für weitere 2 Min. braten.

Die Nudeln, den braunen Zucker, den Reisessig und die Fischsauce hinzufügen.

Den Knoblauch und die Zwiebeln dazugeben und weiter für 1 Min. kochen lassen. Anschließend mit frischer Chili oder Chilipulver schärfen.

Den Pfanneninhalt an den Rand schieben und die Eier in die Pfanne schlagen. Die Eier verrühren und braten, bis sie gar sind.

Die Sojasprossen hinzufügen und alles gut vermischen. Für weitere 2 Min. braten.

Vom Herd nehmen und mit Limettensaft beträufeln. Je nach Geschmack noch gehackte Erdnüsse, Koriander oder rohe Zwiebeln darauf verteilen.

Graf von Weyher

Weyher — 4 Kilometer südwestlich von Edenkoben, eingebettet zwischen dem Biosphärenreservat Pfälzer Wald und dem Rhein. Ohne Zweifel ein idyllisches Fleckchen Erde: sonnenverwöhnt und ein spektakulärer Ausblick über die Weite der Ebene. Und gleichzeitig die Keimzelle für visionäre Ideen rund um den Rebensaft. Hier mischen die Brüder Peter und Jürgen Graf derzeit das familiengeführte Weingut auf.

Die Lagen des Weinguts mit ihren schweren, mineralstoffreichen Böden bieten beste Voraussetzungen für den Weinanbau. In den Weinbergen wird der Grundstein für die hohe Qualität gelegt – doch ihren Feinschliff bekommen die Weine bei der späteren Verarbeitung. Durch individuelle Vinifizierung erhält jeder Wein seinen eigenen Charakter. Dabei entstehen Tropfen für jeden Anlass und Gaumen.

Weinempfehlung

2017 Muskateller
Rhodter Klosterpfad lieblich

Ein restsüßer Wein aus einer Bukettsorte passt hervorragend zu dem pikanten asiatischen Gericht – wie dieser Muskateller mit Aromen von Rosen- und Orangenblüten, süßer Frucht von eingemachten Aprikosen und Pfirsichen, Mandarinen-, Kräuter- und Muskatnoten sowie harmonischer, feiner Säure.

Alternativ empfiehlt Jürgen Graf
2017 Spätburgunder
Blanc de Noirs
Weyherer Michelsberg
mild

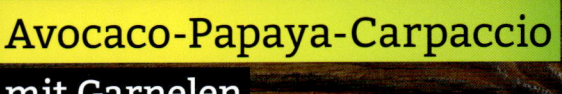

Avocaco-Papaya-Carpaccio
mit Garnelen

Zutaten für 4 Personen

800 g Garnelen

2 reife Avocados

1 Papaya

1 EL Honig

4 EL Limettensaft

100 ml Rapsöl

3 EL Petersilie

1 kleine rote Zwiebel

1 kleine rote Chilischote

1 Knoblauchzehe

50 ml Samira Blanc de Noir

Arbeitszeit Min. 25

Koch-/Backzeit Min. 4

Zubereitung

Die Avocados und die Papaya schälen und halbieren.

Die Papaya ausschaben und 2 EL Kerne für die Vinaigrette aufheben.

Für die Vinaigrette den Honig, den Limettensaft, das Rapsöl, den Wein, die Petersilie, 1/2 rote Zwiebel, 2 EL Papaya-Kerne und die Chilischote mit einem Zauberstab gut zerkleinern und mischen.

Die andere Zwiebelhälfte in sehr kleine Stücke schneiden, der Vinaigrette zugeben und umrühren. Mit etwas Salz und Pfeffer aus der Mühle abschmecken.

Die Avocados und die Papaya in feine Scheiben schneiden und abwechselnd in einem Halbbogen auf vier Tellern verteilen. Direkt danach mit der Vinaigrette beträufeln.

Die Garnelen waschen, abtropfen und abtupfen.

Die Knoblauchzehe klein schneiden, etwas Öl in einer Pfanne erhitzen und die Garnelen darin kurz erhitzen.

Die Garnelen in der Mitte des Tellers drapieren und, falls vorhanden, mit kleinen Tomaten und etwas Basilikum dekorieren.

Alternative

Die Garnelen können nach Belieben durch Lachsfilet oder Flusskrebse ersetzt werden.

Weingut WoW

Das Weingut WoW wird seit 2011 von der 4. Generation bewirtschaftet. Mit gerade einmal 22 Jahren übernahm Wolfgang Bender das traditionsreiche Familienweingut und baut seither auf 13 Hektar seine Vision von deutschem Wein an.

Vom frischen Sommerwein über mineralische Gewächse, die vom Kalkboden geprägt sind, bis hin zum kraftvollen, im Barrique gereiften Rotwein sollen die Weine vor allem eins: Lebensfreude und Leichtigkeit ausstrahlen.

Weinempfehlung

2016 Samira Blanc de Noirs
Bissersheimer Steig trocken
(2/3 Spätburgunder
und 1/3 Portugieser)

**Alternativ empfiehlt
Wolfgang Bender**
2017 Grauburgunder Classic

Diese leicht kupferfarbene Cuvée ist ein erstklassiger Partner für das exotisch angehauchte Gericht. Mit Aromen von Äpfeln, Birnen und roten Johannisbeeren, pflanzlichen und nussigen Anklängen und frischer Säure ist der Wein rund und animierend zugleich.

WEINREGION RHEINGAU

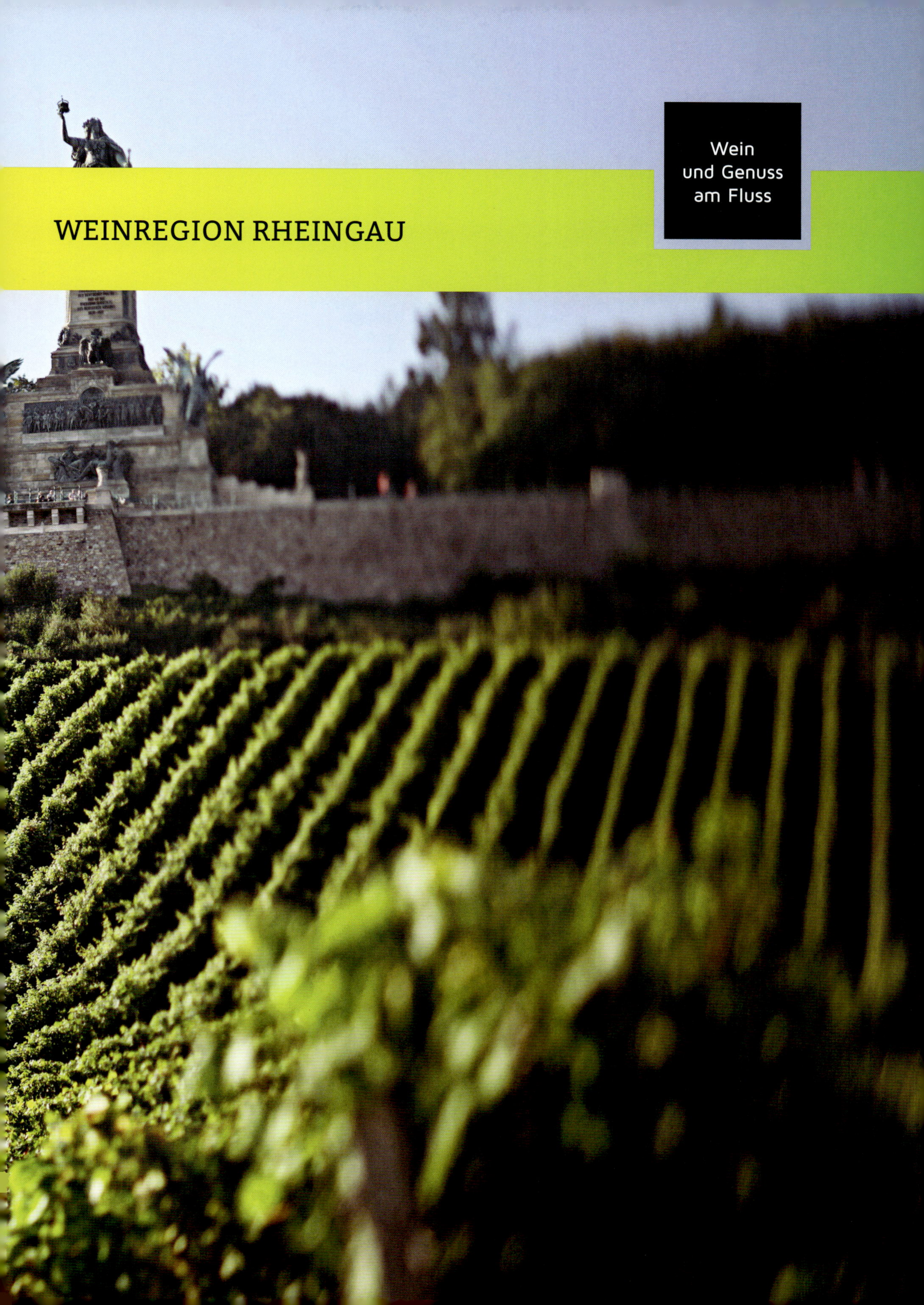

Weinregion Rheingau
Wein und Genuss am Fluss

Einer Laune der Natur ist es zu verdanken, dass der in Richtung Norden fließende Rhein bei Wiesbaden fast im rechten Winkel nach Westen abbiegt – um schon 30 Kilometer weiter bei Rüdesheim wieder seinen Weg nach Norden fortzusetzen. Das Rheingau-Gebirge, ein von Osten nach Westen verlaufender Taunus-Ausläufer, hält den Fluss auf und zwingt ihn zur Richtungsänderung.

Das Weinbaugebiet beginnt bereits in Flörsheim-Wicker am Untermain und erstreckt sich dann rechtsrheinisch bis nach Lorchhausen nördlich von Rüdesheim am Rhein.

Rund 3.100 Hektar Reben umfasst der Rheingau, und besonders gut gedeiht in den trockenen, steinigen Südhängen der Riesling, der allein 2.500 Hektar der Fläche ausmacht. Daneben genießt der Spätburgunder großes Renomee, für den besonders der Weinort Assmannshausen bekannt ist.

Vom Taunus geschützt, ist das Anbaugebiet durch warme Sommer und milde Winter gekennzeichnet; die Böden bestehen aus schwerem tertiärem Mergel, Schiefer und Quarzit. Stimmungsvoll in die Weinlandschaft eingebettet sind alte Klöster und Schlösser wie etwa die ehemalige Zisterzienserabtei Kloster Eberbach, wo alljährlich auch traditionelle Weinversteigerungen stattfinden.

Das Kloster Johannisberg entdeckte 1775 den Vorteil einer späten Weinlese, und auch heute zählen die Rheingauer Riesling Spätlesen zu den Vorzeigeweinen der Region.

Durch die Weinorte führt die „Rheingauer Riesling Route", die auch die markanten Aussichtspunkte des Gebiets nicht auslässt: das Niederwalddenkmal, Schloss Johannisberg, die Hallgartener Zange über Oestrich-Winkel und die Bubenhäuser Höhe.

Bekannt ist die Region auch für ihre weinkulinarischen Veranstaltungen wie das „Gourmet- und Weinfestival" im März, die „Schlemmerwochen" Ende April, das „Rheingau Musik Festival" über die Sommermonate und die „Glorreichen Rheingautage" im November.

Lage des Anbaugebiets Rheingau

Rheingauer Enchilada
Intensive Würze trifft auf Restsüße & Aromenfülle

Zutaten für 4 Personen

350 g große Weizentortillas

400 g Rinderhackfleisch

160 g Speisezwiebeln

200 g Zucchini und Aubergine

150 g rote Paprika

150 g Mais aus der Dose

400 g Kidneybohnen aus der Dose

400 g Tomaten
aus der Dose, stückig (gewürzt)

300 g Crème fraîche

300 g geriebener Käse

100 g Tomatenmark (gewürzt)

Arbeitszeit Min.

30

Koch-/Backzeit Min.

40

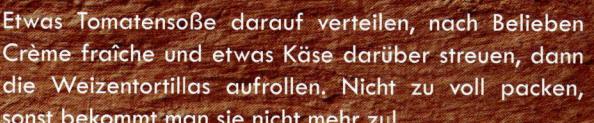

Zubereitung

Das Gemüse waschen und in Würfel schneiden, alle Zutaten beiseite stellen.

Das Hackfleisch ohne Öl in die Pfanne geben und anbraten, die Zwiebeln schälen, klein schneiden und zum Hackfleisch dazugeben.

Wenn die Zwiebeln und das Hackfleisch Farbe angenommen haben, das Tomatenmark dazugeben und kurz anrösten. Nun das gewürfelte Gemüse sowie den Mais und die Kidneybohnen zugeben, evtl. auch 1 TL Öl. Kräftig mit Salz, Pfeffer und Paprikapulver würzen.

Die Dosentomaten in einen Topf geben und leicht aufkochen lassen. Mit Salz, Pfeffer und etwas Chili würzen, dann vom Herd nehmen.

Die Weizentortillas auf einen Teller legen und in der Mitte mit der angebratenen Gemüse-Hackfleisch-Mischung füllen.

Etwas Tomatensoße darauf verteilen, nach Belieben Crème fraîche und etwas Käse darüber streuen, dann die Weizentortillas aufrollen. Nicht zu voll packen, sonst bekommt man sie nicht mehr zu!

In eine feuerfeste, evtl. leicht gefettete Form legen. Wenn alle Rollen in der Form liegen, mit Crème fraîche und der restlichen Tomatensoße bestreichen, so dass sie beim Backen nicht trocken werden. Zum Schluss mit Käse bestreuen.

15–20 Min. bei 200 °C Ober-/Unterhitze backen, bis der Käse eine goldbraune Farbe angenommen hat.

Als Beilage empfehlen wir

Obstsalat nur aus Trauben, sprich fermentierten Trauben. Also Wein, viel Wein! ☺

Weingut Offenstein Erben

Rheingauer Riesling- und Spätburgunderweine aus umweltschonendem Weinbau im RHEINGAU – charakterstark und überzeugend spitze! Mit Herzblut und Fleiß wird der Weinbau von Familie Schumacher in der 5. Generation im Weingut OFFENSTEIN ERBEN in Eltville am Rhein gelebt.

Kürzlich als „Vize-Jungwinzer des Jahres" von der DLG ausgezeichnet, arbeitet Thomas Junior ohne Kompromisse an der Qualität der Trauben im Weinberg und beschreitet neue Wege des Weinausbaus im Keller.

Klar, aromatisch und animierend sind die Ortsweine. Das Flaggschiff des Juniors ist der Riesling Avantgarde – 12 Monate auf der Hefe im Holzfass ausgebaut.

Ein Viertel der Rebfläche gehört dem Spätburgunder, für den die Familie einen besonderen Ruf hat. Wer ausgiebig die Weine genießen möchte, entscheidet sich für einen Aufenthalt im dazugehörigen Weinhotel.

Weinempfehlung

2016 Riesling
ALTE REBEN
Eltviller Sonnenberg halbtrocken

Dieser leicht restsüße Riesling steht dem pikanten Gericht gut zur Seite: Die zart süßliche Frucht ist von Zitrus-, Pfirsich-, Aprikosen- und Apfelnoten geprägt und mit einer zarten erdigen und kräuterigen Würze unterlegt, die lebendige Säure sowie mineralische Anklänge sorgen für einen erfrischenden Akzent.

**Alternativ empfiehlt
Thomas Schumacher**
2015 Cuvée OE Rheingau trocken
(Spätburgunder und Dakapo)

Avocado-Mango-Salat
mit Jakobsmuscheln

Zutaten für 4 Personen

1 Avocado

1 Mango

5 EL Sonnenblumenöl

2 EL roten Balsamicoessig oder Apfelessig

Salz und Pfeffer

1 Prise Zucker

1/2 Zitrone (Saft davon)

1/2 Chilischote, klein gehackt

1 rote Zwiebel

25 g Butter

12 Jakobsmuscheln
(vegane Variante: ohne Jakobsmuscheln)

Arbeitszeit Min.	Koch-/Backzeit Min.
20	3

Zubereitung

Die Avocado und die Mango schälen, den Kern entfernen, das Fruchtfleisch in Würfel schneiden und in einer Schüssel vermischen.

Für die Sauce die rote Zwiebel schälen und sehr fein hacken. Die Chilischote fein hacken (evtl. Kerne entfernen) und mit 1 EL Zitronensaft, Öl, Essig und der gehackten Zwiebel vermischen, Salz, Pfeffer sowie eine Prise Zucker zufügen und abschmecken.

Die Jakobsmuscheln waschen, trockentupfen und mit Salz, Pfeffer und etwas Zitronensaft würzen.

Die Butter in einer Pfanne zerlassen und die Muscheln darin ca. 2–3 Min. von jeder Seite her anbraten – nicht zu lang, sonst werden sie zäh.

Zum Anrichten die Zwiebelvinaigrette über die Avocado- und Mangowürfel träufeln und die Jakobsmuscheln darauf setzen.

Wein- und Sektgut BARTH

Hingabe und Freude der Winzerfamilie Barth machen die Weine und Sekte so einzigartig. Das Wein- und Sektgut Barth steht für allerbeste Lagen, ökologische Weinbergsbewirtschaftung, innovative Ideen und höchstes Qualtitätsbewusstsein.

Getreu dem Motto „Wein ist unsere Disziplin, Sekt unser Paradestück" werden keine Mühen gescheut und alle Arbeitsschritte getätigt, die einer herausragenden Qualität dienlich sind.

Der Sekt wird aus Trauben von besten Lagen vergoren. Der Feinschliff ist die traditionelle Flaschengärung, bei der jede Flasche bis zu 55 Mal in die Hände genommen wird. Sie verleiht dem Sekt seinen individuellen Charakter.

Als erstes VDP-Weingut bringt Barth herkunftsgeprägte Sektkreationen, analog zur Klassifikation der Weine, aus VDP.ERSTER LAGE® und VDP.GROSSER LAGE® auf den Markt.

Weinempfehlung

2013 Riesling VDP.ERSTE LAGE
Hattenheim Schützenhaus brut nature

Meeresfrüchte mit Gemüse und Obst — eine ebenso leichte wie facettenreiche Kombination, die in diesem Sekt einen genialen Partner findet: Frisch, geradlinig, tief und nachhaltig vereint er Aromen von Pfirsichen, Aprikosen, Zitrusfrüchten, Äpfeln und Mirabellen mit nussigen, kräuterigen und mineralischen Noten und begeistert mit animierender, feiner Säure, feiner Perlage, Griff und Zug.

Alternativ empfiehlt
Mark Barth
2015 Riesling VDP extra brut

WEINREGION RHEINHESSEN

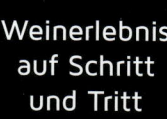

Weinerlebnis
auf Schritt
und Tritt

Weinregion Rheinhessen
Weinerlebnis auf Schritt und Tritt

Im Rheinbogen zwischen Bingen, Mainz, Worms und Alzey liegt Rheinhessen, Deutschlands größtes Weinbaugebiet mit rund 26.000 Hektar Rebfläche, die sich über eine sanfte Hügellandschaft erstrecken.

Schon zur Römerzeit wurden hier auf der linken Rheinseite Reben kultiviert, und auch die älteste Urkunde über einen deutschen Weinberg – die Niersteiner Glöck – betrifft eine rheinhessische Lage.

Bingen, Nierstein und Wonnegau sind die drei Bereiche, aus denen sich Rheinhessen zusammensetzt. Das niederschlagsarme, sommerwarme und wintermilde Klima eignet sich perfekt für den Weinbau, und die Gebirgszüge Donnersberg, Taunus und Odenwald gewähren den Reben zusätzlich Schutz.

Die Bodenvielfalt in Rheinhessen umfasst Löss, Sand, Mergel, Kalkstein, Ton, Rotliegend, Braunerde, Quarzit und Porphyr.

Die wichtigste rheinhessische Rebsorte ist der Riesling, aber auch Silvaner, Weiß- und Grauburgunder haben hier reiche Tradition. Auf einem Drittel der Rebfläche des Gebiets wachsen inzwischen rote Trauben, und besonders der Dornfelder hat erheblich zum Rotwein-Aufschwung beigetragen.

Das Spitzenwein-Programm „Selection Rheinhessen" steht bereits seit den 1990er Jahren für eine ambitionierte Klasse feiner trockener Weine.

Sehenswürdigkeiten in Rheinhessen bieten nicht nur die größeren Städte wie Mainz, Worms, Speyer, Alzey oder Bingen, sondern auch Weinorte wie Nierstein oder Bechtheim; auf den zahlreichen Weinfesten in der Region lässt sich die Vielfalt der rheinhessischen Weine am besten erkunden.

Lage des Anbaugebiets Rheinhessen

Pastinaken- und Möhrenstreifen
mit Tahin-Zitronen-Dressing

Arbeitszeit Min. 45

Koch-/Backzeit Min. 10

Zutaten für 4 Personen

1 Romanasalat

1 Bund Petersilie

140 g frische Datteln

600 g Möhren

700 g Pastinaken

200 g Grillkäse

200 ml Gemüsebrühe

80 g helles Tahin (Sesampaste)

1 Zitrone

Salz, grüner Pfeffer

Cayenne

Ras el-Hanout

Zubereitung

Den Salat putzen, die Blätter teilen, waschen und trocknen. Die Blätter aufeinander legen und einmal längs halbieren, dann quer in 2 cm breite Streifen schneiden und auf den Tellern verteilen.

Die Petersilie waschen, trocknen und schneiden. Die Datteln längs halbieren, entkernen und in feine Streifen schneiden. Die Möhren und die Pastinaken schälen, dann längs mit dem Sparschäler in feine Streifen schneiden.

Die Möhren- und Pastinakenstreifen portionsweise in einer Pfanne in 3 EL Öl jeweils ca. 6 Min. braten. Anschließend die Gemüsestreifen locker auf dem Salat anrichten, dazwischen Petersilie und Datteln verteilen.

Für das Dressing den Bratsatz in der Pfanne mit Gemüsebrühe ablösen. Die Pfanne vom Herd nehmen und die Brühe mit dem Tahin verrühren.

Die Zitrone waschen und trocknen, 2 TL Saft auspressen und 1–2 TL Schale abreiben. Beides zum Dressing geben.

Das Dressing mit Salz, Pfeffer, Cayenne und Ras el-Hanout pikant abschmecken.

Eine Pfanne erhitzen und den Grillkäse auf jeder Seite 3–4 Min. anbraten, bis die typischen Grillstreifen zu sehen sind. Den Käse heiß neben dem Salat anrichten. Das Dressing großzügig auf den Gemüsestreifen verteilen.

Weingut Janz

„Wein ist Poesie in Flaschen" — nach dieser Philosophie wird im Weingut Janz seit nunmehr drei Generationen Wein ausgebaut. Die edlen Tropfen aus dem Mainzer Vorort Ebersheim haben eines gemeinsam: Sie erzählen eine Geschichte, jeder Wein wird eine besondere Kreation, die man auch schmeckt!

Seit 2015 wird der Betrieb von Vater und Tochter, Helmut Janz und Fabienne Janz, gemeinsam geführt. Dadurch verbinden sich Tradition und Moderne: Helmut steht Fabienne, die 2018 ihr Studium an der Hochschule Geisenheim erfolgreich abgeschlossen hat, mit seiner langjährigen Erfahrung zur Seite, während sie kreative, neue Ideen einbringt. Am Ende entstehen einzigartige, individuelle Weine, die ihren ganz eigenen Charakter zeigen.

Weinempfehlung

**2017 Chardonnay
Zornheimer Pilgerweg trocken**

Ein im Holzfass ausgebauter Weißwein harmoniert bestens mit den leicht orientalischen Aromen des Gerichts — beispielsweise dieser saftige, geradlinige und durchaus kraftvolle Chardonnay, der mit zarten Röst-, Vanille- und Nusstönen, Noten von gelben Früchten, angenehm frischer Säure und der richtigen Portion Schmelz überzeugt.

**Alternativ empfiehlt
Fabienne Janz**
2017 Grauburgunder trocken

Rinderfilet
mit Kürbis-Kartoffel-Mousse

Arbeitszeit Min.
60

Koch-/Backzeit Min.
20

Zutaten für 4 Personen

650 g Rinderfilet, wet aged

1 Hokkaido-Kürbis

2 Kartoffeln

1 Zwiebel

1 TL Meerrettich

1 Apfel

Salz

Pfeffer

Currypulver

Ingwerpulver

Chiliflocken

Zubereitung

Den Kürbis sowie die Kartoffeln waschen und klein schneiden, ebenso die Zwiebeln.

Kürbis, Kartoffeln und Zwiebel kochen.

Anschließend mit dem Mixer zu einer cremigen Mousse zerkleinern.

Mit Pfeffer, Salz, Curry, Ingwer und Chiliflocken nach Belieben abschmecken.

Das Rinderfilet von beiden Seiten etwa 1 Min. scharf anbraten.

Danach in der Pfanne auf niedriger Temperatur ziehen lassen, bis eine Kerntemperatur von 59 °C erreicht ist (Fleischthermometer).

Das Fleisch und die Mousse auf vorgewärmten Tellern servieren und gemeinsam mit dem Wein genießen.

Weingut Lahm

Familienweingut in 6. Generation.
Tradition trifft auf Moderne durch neue Aspekte der Jungwinzerin Laura (Deutsche Weinprinzessin 2017/18).

Hier bauen Leo und Laura Lahm rebsortentypische Weine für Rheinhessen sowie einige Neuzüchtungen – unter anderem Cabernet Mitos – aus. Im Weinberg legen sie Wert auf Nachhaltigkeit sowie den Schutz der Artenvielfalt.

In der angeschlossenen Vinothek VINUM LL („Rheinhessen Ausgezeichnet Vinotheken") können die Gäste nach Belieben das gesamte Sortiment verkosten und den tollen Ausblick über das rheinhessische Hügelland genießen.

Weinempfehlung

2017 Cabernet Mitos
SEITE AN SEITE -ROT-
Ensheimer Kachelberg trocken

Mit Aromen von Beeren, Kirschen und Gewürzen, Anklängen an Schokolade, harmonischem Tannin und lebendiger Säure ist dieser geradlinige Rotwein genau die richtige Wahl zum Rind mit Kürbis. Dafür sorgt nicht zuletzt die zarte erdige und pflanzliche Würze.

**Alternativ empfiehlt
Laura Lahm**
2016 Weißburgunder TILEHILL
Ensheimer Kachelberg trocken

Pilzrisotto
mit Bacon, karamellisierten Birnenspalten und Walnüssen

Zutaten für 4 Personen

400 g Risottoreis
160 g Bacon
20 g getrocknete Steinpilze
2 Zwiebeln
1 Knoblauchzehe
300 g braune Champignons
2 Birnen
40 g Hartkäse
40 g Walnüsse
20 g Schnittlauch
Hühnerbrühe, Gewürze

Arbeitszeit Min.	Koch-/Backzeit Min.
30	30

Zubereitung

1.200 ml Hühnerbrühe vorbereiten und die Steinpilze darin einweichen. Die Zwiebeln und den Knoblauch abziehen, fein hacken und danach in einem großen Topf mit etwas Öl 1 Min. anschwitzen.

Den Risottoreis hinzufügen und ebenfalls ca. 1 Min. anschwitzen. Danach mit etwas Hühnerbrühe ablöschen und unter gelegentlichem Rühren ca. 20 Min. weitergaren; dabei nach und nach die restliche Brühe (ohne die Steinpilze) hinzufügen.

Die Champignons in Scheiben schneiden. Die Birnen vierteln, das Kerngehäuse entfernen und nochmals halbieren. Den Schnittlauch in feine Röllchen schneiden. Den Hartkäse fein reiben.

Die Baconscheiben in eine große, kalte Pfanne legen und bei mittlerer Hitze ca. 5 Min. unter gelegentlichem Wenden knusprig anbraten, dann herausnehmen und auf Küchenpapier abtropfen lassen.

In derselben Pfanne ohne weitere Fettzugabe die Champignonscheiben und die Steinpilze 3–4 Min. anbraten, mit Salz und Pfeffer würzen und anschließend ins Risotto geben.

Die Pfanne mit Küchenpapier ausreiben, dann die Birnenspalten und die Walnüsse hineingeben und ca. 3 Min. anbraten. 1 EL Zucker darüber streuen und 2–3 Min. leicht karamellisieren lassen.

Den geriebenen Hartkäse unter das fertige Risotto rühren, dieses dann auf dem Teller verteilen. Die karamellisierten Birnenspalten, die Walnüsse und die knusprigen Baconscheiben darauf verteilen und mit den Schnittlauchröllchen bestreuen.

Weingut Becker

Die junge Winzerin Sabrina Becker ist im Sommer 2017 ins familiengeführte Weingut eingestiegen. Mit viel Fingerspitzengefühl, Durchsetzungsvermögen und zahlreichen Ideen bewegt sie seither so einiges im Betrieb. Stolz ist sie dabei auf die Toleranz ihrer Eltern, die sie täglich bei der Arbeit unterstützen und ihr mit Erfahrung zur Seite stehen.

Wichtig ist es Sabrina, bei allen Arbeitsprozessen mit Hand anzulegen und dabei ihren Weinen ihre eigene Handschrift zu verleihen. Jeder Jahrgang bringt eine neue Herausforderung, die Sabrina gern annimmt und nach ihrem Lebensmotto meistert: „Keine Angst vor falschen Entscheidungen, sonst verpasst man die richtigen!"

Weinempfehlung

2017 Albiger Weißburgunder trocken

Dieser saftige, geradlinige Weißburgunder passt mit seiner zarten, leicht röstigen und nussigen Holzwürze besonders gut zu den Pilzen, die das Gericht prägen. Aromen von gelben Früchten, Nüssen und Kräutern, mineralische Noten und eine lebendige, feine Säure zeichnen den Wein aus.

Alternativ empfiehlt Sabrina Becker
2017 Grauburgunder Rheinhessen trocken

Kräuter-Rinderrolle
mit Kartoffel-Sahne-Gratin und Rotweinsauce

Arbeitszeit Min. 90

Koch-/Backzeit Min. 60

Zutaten für 4 Personen

600 g Rinderfilet

Salz und Pfeffer

Rosmarin, Petersilie, Koriander, Thymian, Estragon

1 EL Butterschmalz

2 Schalotten

5 EL Sojasauce

2 rote Zwiebeln

20 g Zucker

250 ml Rotwein

250 ml Portwein

4 EL Marsala

Zubereitung

Das Rinderfilet längs aufschneiden und flach klopfen. Mit Salz und Pfeffer würzen und mit den Kräutern bestreuen. Zu einer Roulade zusammenrollen und mit Küchengarn fixieren.

Das Butterschmalz erhitzen und die Roulade darin auf allen Seiten gut anbraten. Den Backofen auf 110 °C (Umluft 90 °C) vorheizen.

Die Schalotten schälen und vierteln. Thymian und Rosmarin waschen und mit den Schalotten zur Roulade geben. Mit der Sojasauce ablöschen und so lange garen, bis die Schalotten glänzen.

Ein Backblech mit Alufolie auslegen. Das Fleisch aus der Pfanne nehmen und mit den Kräutern und den Schalotten auf das Blech legen.

Im heißen Ofen etwa eine Stunde garen, dann herausnehmen und ruhen lassen.

Für die Sauce die Zwiebeln schälen und in Streifen schneiden. Den Zucker hellbraun karamellisieren lassen, die Zwiebeln dazugeben und kurz mitbraten. Mit Rotwein ablöschen.

Den Thymian zufügen. Alles auf die Hälfte einkochen. Den Portwein und den Masala dazugeben. Die Sauce etwas einreduzieren und durch ein Sieb gießen.

Als Beilage empfehlen wir

Kartoffel-Sahne-Gratin

Reinhard Seidel Weine

Da ich im Weingut aufgewachsen bin, wurde meine Leidenschaft zur Rebe früh geprägt. Nach der allgemeinen Hochschulreife leistete ich meinen Zivildienst im Dienstleistungszentrum Ländlicher Raum Oppenheim mit Schwerpunkt Agrarmeteorologie.

Im Anschluss folgten diverse Praktika, bis ich schließlich mein Studium in Geisenheim begann, das ich 2011 als Bachelor of Science erfolgreich abschloss.

Mit dem Jahrgang 2011 bin auch ich im elterlichen Betrieb angekommen. Ein kleines Weingut, das von Neugier über Kreativität bis hin zur Erfahrung von drei Generationen profitiert.

Immer vor Augen haben wir unsere Natur und den respektvollen und nachhaltigen Umgang mit ihr. 2017, mit der Betriebsübernahme, erschien auch meine neue Linie „Reinhard Seidel Weine".

Weinempfehlung

2015 Cabernet Sauvignon unfiltriert
Alsheimer Fischerpfad trocken

Zu dunklem Fleisch und Kräutern passt am besten ein Rotwein wie dieser Cabernet Sauvignon, der typische Aromen von Kirschen, Brombeeren und schwarzen Johannisbeeren sowie teilweise gegrillter Paprika entfaltet. Darüber hinaus zeigt der kraftvolle, saftige Charaktertropfen zart rauchige und röstige Holztöne, kräuterige, erdig-würzige und mineralische Noten, feines Tannin und feinen Säurebiss.

**Alternativ empfiehlt
Reinhard Seidel**
2014 Merlot trocken

Geschmorte Rinderbäckchen
mit Bandnudeln

Zutaten für 4 Personen

1,2 kg Rinderbäckchen

2 mittelgroße Zwiebeln

1 Päckchen Suppengemüse

2 Tomaten

3 Lorbeerblätter

2 EL Tomatenmark

750 ml Rotwein

500 ml Fleischbrühe

Salz

Pfeffer

1 EL Kartoffelstärke

Arbeitszeit Min.

45

Koch-/Backzeit Min.

120

Zubereitung

Die Rinderbäckchen salzen und pfeffern und rundherum gut anbraten, dann aus der Pfanne nehmen.

Das Suppengemüse und die Zwiebeln putzen, kleinschneiden und ebenfalls scharf anbraten.

Mit 250 ml Rotwein ablöschen und einkochen lassen.

Die restliche Flüssigkeit zugeben, ebenso die Tomaten, die Lorbeerblätter und das Tomatenmark.

Die Bäckchen und den Gemüsefond in einen Bräter geben, den Deckel aufsetzen und bei 120 °C 2 Stunden im Backofen schmoren.

Danach die Sauce durch ein Sieb geben und mit Kartoffelstärke andicken.

Mit Salz und Pfeffer abschmecken

Die Bäckchen aufschneiden und mit der Sauce servieren.

Als Beilage empfehlen wir

Bandnudeln

Weingut Geil

Das sind zwei Generationen unter einem Dach. Im Römerhof arbeitet die Familie Geil seit Jahrhunderten im Weinberg und auf dem Feld.

Monzernheim ist ein friedliches Fleckchen Erde im südlichen Rheinhessen. Einer der höchsten Orte des Hügellandes. Daher kommt auch der Name: „Die Berggemeinde".

110 Hektar Weinberge umgeben uns, und nicht nur wir, der ganze Ort blickt auf eine lange Weinbautradition zurück. Wir lieben, was wir tun und schauen stetig nach vorne – Wein ist unser Leben!

Weinempfehlung

2015 Westhofener Regent trocken

Ein ausdrucksstarker, harmonischer Rotwein wie dieser Regent ist genau der richtige Partner für die Rinderbäckchen: kraftvoll und geradlinig mit Aromen von Kirschen und roten Beeren, Gewürz- und Kräuternoten, feinem Tannin, ausgewogener Säure, kühlen mineralischen Anklängen und zartem Schmelz.

Alternativ empfiehlt Sebastian Geil
2015 Spätburgunder Westhofener trocken

Lende
in Riesling-Thymian-Rahmsoße

Zutaten für 4 Personen

500 g Schweinelende
ohne Haut und Sehnen

200 ml Sahne

200 ml Riesling

1 kleine Zwiebel

1 EL Tomatenmark

1 EL Zucker

1 TL Thymian

Arbeitszeit
Min.

Koch-/Backzeit
Min.

60

30

Zubereitung

Den Riesling, die Sahne und die Lende in einen Vaku-umbeutel geben. Diesen dann für 5–6 Stunden in den Kühlschrank legen.

Anschließend die Lende aus dem Beutel nehmen und die Rieslingsahne auffangen.

Den Backofen auf 180 °C Umluft vorheizen. Die Len-de abtupfen, salzen und pfeffern. Anschließend in der Pfanne leicht anbraten.

Je nach dicke der Lende für 20–30 Min. im vorge-heizten Backofen durchgaren. Das Fleisch sollte in der Mitte noch zart rosa sein; dies überprüft man am be-sten mit einem Bratenthermometer.

Die Lende vor dem Schneiden 5 Min. ruhen lassen.

Für die Sauce die Zwiebel fein würfeln und in dersel-ben Pfanne wie die Lende anbraten.

Nun das Tomatenmark und den Zucker hinzugeben und alles karamellisieren lassen.

Die Rieslingsahne dazugeben und nochmals auf-kochen lassen; ggf. mit Mehlklößchen andicken. Mit Thymian abschmecken.

Als Beilage empfehlen wir

Hausgemachte Spätzle und Salat der Saison

Weingut Bernhard

Bei Bernhards vereinen sich die Stärken von zwei Generationen: Vater Jörg und Tochter Martina Bernhard leiten seit 2015 das Gut gemeinsam.

Sie lieben ihre Heimat, das Land der tausend Hügel, pflegen regionale Traditionen und vertreten gleichzeitig selbstbewusst ihre persönliche Handschrift als Winzer. Trotz modernster Technik und Verfahren lassen sie auch ihrer Intuition viel Spielraum.

Da darf der Silvaner schon mal auf der Maische gären, der Wein lange im Fass liegen und die Spontangärung zeigen, dass die Natur ihr Handwerk versteht.

Was dabei herauskommt, begeistert beide: individuelle, eigenwillige Orts- und Lagenweine sowie frische, filigrane Gutsweine.

Weinempfehlung

**2016 Riesling
Alte Reben feinherb**

Dieser Riesling darf bereits als Saucenbasis dienen und ist damit auch der perfekte Tischwein. Er präsentiert sich tief und fein, klar und geschliffen mit Noten von Pfirsichen, Aprikosen und kandierten Zitrusfrüchten sowie kräuterigen Anklängen. Die Mineralität ist das Fundament für fein süßliche Frucht, feine Säure und feinen Schmelz.

**Alternativ empfiehlt
Martina Bernhard
2017 Riesling Gutswein trocken**

Wiener Schnitzel

mit Pesto-Kartoffelsalat

Zutaten für 4 Personen

4 Kalbsschnitzel

4 EL Mehl

2 Eier

200 g frisch geriebenes Weißbrot

150 g Butterschmalz

750 g festkochende Kartoffeln

250 ml Gemüsebrühe

50 g Pinienkerne
und 50 g geriebener Parmesan

1 Bund Basilikum

1 Knoblauchzehe

200 ml Olivenöl

1 Spitzer Zitronensaft
sowie Salz und Pfeffer

Arbeitszeit Min.	Koch-/Backzeit Min.
45	10

Zubereitung

Die Kartoffeln mit der Schale bissfest kochen, abkühlen lassen, schälen und in Scheiben schneiden und in eine große Schüssel geben.

Die Gemüsebrühe erhitzen, über die Kartoffeln gießen und zugedeckt ziehen lassen.

Nun die Pinienkerne in einer Pfanne ohne Fett goldbraun anrösten.

Den Knoblauch schälen und mit dem Parmesan, den gerösteten Pinienkernen, dem Basilikum und dem Olivenöl im Mixer zu einem Pesto verarbeiten. Mit Salz und Pfeffer abschmecken.

Das Pesto über den Kartoffelsalat träufeln und gut untermischen. Den Kartoffelsalat ziehen lassen, mit Salz, Pfeffer und Zitronensaft abschmecken.

Die Kalbsschnitzel flach klopfen und mit Salz und Pfeffer würzen.

Mit drei Tellern eine Panierstraße aus Mehl, verquirlten Eiern und frisch geriebenen Weißbrot-Bröseln aufbauen.

Die Schnitzel von beiden Seiten im Mehl wenden, dann durch die Eier ziehen und mit den Bröseln panieren; dabei die Panade leicht andrücken. In einer nicht zu heißen Pfanne mit Butterschmalz goldbraun ausbacken, auf einem Küchenpapier abtropfen lassen.

Weingut Tobias Becker

Ich bin Tobias Becker, Jahrgang 1990, gelernter Winzer und Techniker für Weinbau und Oenologie. Seit 2009 tragen unsere Weine meine Handschrift. Mein Augenmerk liegt ganz klar auf der Qualität.

Ich möchte Weine erzeugen, die charakteristisch und sortentypisch sind. Weine, die begeistern und Lust auf mehr machen.

Jedes Jahr ist anders und bietet für mich eine neue Bühne, mein Können unter Beweis zu stellen. Die aktuellen Weintrends und Kundenwünsche fest im Blick zu halten und dennoch die eigene Handschrift zu festigen und die Qualität kontinuierlich zu steigern, ist mein großes Ziel. Zurzeit bewirtschaften wir ca. 18 Hektar Rebfläche in und um Mommenheim.

Ich bin Winzer aus voller Überzeugung und mit einer großen Portion Leidenschaft für meinen Beruf und meine Heimat.

Weinempfehlung

2017 Grüner Veltliner
Mommenheimer Kloppenberg trocken

Wiener Schnitzel und Grüner Veltliner: eine klassische Kombination – auch in Rheinhessen. Der saftige Wein empfiehlt sich mit Aromen von Apfel und Birne, zart vegetabilen und kräuterwürzigen Noten, lebendiger Säure und zartem Schmelz.

**Alternativ empfiehlt
Tobias Becker**
2017 Weißburgunder
Lörzweiler Ölgild trocken

Wildkräutersalat im Parmesankörbchen an Rotweinlamm

mit selbst gemachter Rotweinbutter

Zutaten für 4 Personen

2 Lammlachse

350 ml Lifeblood Rotwein trocken

150 g Parmesan

150 g Wildkräutersalat

125 g Butter

2 Schalotten, 1/2 Knoblauchzehe

Rohrzucker

Olivenöl, weißer Balsamico

Zitrone, Senf, Honig

Sonnenblumenkerne und Pinienkerne

Souffléeform

Quadrate aus Backpapier

Arbeitszeit Min.	Koch-/Backzeit Min.
90	30

Zubereitung

Am Vortag die Lammlachse in einem Rotweinbad aus 200 ml Lifeblood, Thymian, Rosmarin, 1 EL Olivenöl sowie gemörserten Pfefferkörnern luftdicht verschlossen einlegen. Die Rotweinbutter ebenfalls vorbereiten.

Für die Rotweinbutter die Schalotten schälen, fein würfeln und in etwas Butter andünsten. 2 EL Rohrzucker hinzufügen, karamellisieren lassen und mit etwas Lifeblood ablöschen, ca. 2–3 Min. einköcheln lassen.

Den feingehackten Knoblauch, 2 Rosmarinzweigspitzen und den restlichen Lifeblood dazugeben. Die restliche Butter auf Zimmertemperatur erwärmen und mit der Weinreduktion vermischen, kurz abkühlen. Dann in Frischhaltefolie als Rolle formen und kühlen.

Für die Parmesankörbchen den Parmesan grob hobeln. Backpapier als Unterlage in eine beschichtete Pfanne legen. Die Parmesanraspeln darauf zu einem gleichmäßigen Kreis (ca. 14 cm Ø) ausbreiten. Bei mittlerer Hitze den Käse goldbraun schmelzen lassen.

Jetzt sofort herausnehmen, mit der Käseseite nach unten über die Souffléeform stülpen und festdrücken.

Kurz abkühlen lassen und von der Form lösen.

Das eingelegte Lamm etwas trockentupfen und in einer Pfanne insgesamt ca. 5 Min. beidseitig anbraten. Danach ca. 20 Min. im vorgeheizten Ofen bei 90 °C rosa garen. Die Körnermischung in einer Pfanne anrösten.

Für die Salatsauce 2 EL weißen Balsamico, 1 TL Honig, 1 TL Zitronensaft und 1 TL Dijon-Senf verrühren. 3 EL Olivenöl hinzugeben, mit Salz und Pfeffer abschmecken. Anschließend mit dem Wildkräutersalat vermischen.

Zum Anrichten das Parmesankörbchen mit dem Wildkräutersalat füllen und diesen mit den gerösteten Körnern bestreuen. Die Lammlachse in Filetstreifen schneiden und neben dem Parmesankörbchen anrichten.

Als Beilage empfehlen wir

Verschiedene Kartoffelkreationen

Weingut Klosterhof

Im Klosterhof tragen Weine und Küche die Handschrift der Familie Schäfer. Das Weingut befindet sich direkt am historischen Marktplatz in Flonheim. Die Vinothek, die das Gütesiegel „Rheinhessen AUSGEZEICHNET" trägt, ist Julianes Territorium.

Hier wird Herzblut versprüht – in Form von junger Energie im Umgang mit Kunden, bei der Beratung zu Wein und Kultur oder in flüssiger Form bei der Verkostung des „Lifeblood". Dieser Wein ist ein Gemeinschaftswerk von Vater und Tochter. Das Etikett trägt Julianes Handschrift. Der Rotwein ist im Holzfass gereift und zeichnet sich durch eine perfekte Balance zwischen Frucht und Tanninen aus.

Weitere Spezialitäten des Klosterhofs sind rheinhessische Tapas- und Weinabende sowie Küchenpartys – nach dem Motto: „Jungen Wind einatmen und Horizonte erweitern!"

Weinempfehlung

2016 Lifeblood
Rotwein trocken

Lamm, Käse, Wildkräuter – ein würziges Gericht, das mit diesem vollmundigen Rotwein einen starken Partner bekommt. Der kraftvolle, geradlinige, saftige Wein zeigt Aromen von reifen Brombeeren und Heidelbeeren, Noten von Nüssen, Gewürzen und teilweise getrockneten Kräutern, geschmeidiges Tannin und feine Säure.

Alternativ empfiehlt
Juliane Schäfer
2017 Grauburgunder trocken

Geschmorte Kalbsbäckchen

Zutaten für 4 Personen

1 kg Kalbsbäckchen,
vom Metzger vorbereitet

1 Zwiebel

2 Knoblauchzehen

100 g Staudensellerie

2 große Möhren

2 Petersilienwurzeln

3 EL Olivenöl

3 Zweige Thymian

1 EL Mehl, Salz, Pfeffer

1 EL Tomatenmark

400 ml Rotwein oder Weißwein

350 ml Kalbsfond

Arbeitszeit Min.	Koch-/Backzeit Min.
10	105

Zubereitung

Das Gemüse putzen und in grobe Stücke schneiden. Den Backofen auf 160 °C Umluft vorheizen.

Das Fleisch von evtl. noch vorhandenem Fett und Sehnen befreien, mit Salz und Pfeffer würzen und in einem großen Bräter in heißem Öl rundum scharf anbraten; dann herausnehmen und beiseite stellen.

Das Gemüse und den Thymian in den Topf geben und anrösten. Mit Mehl bestäuben, das Tomatenmark zugeben. Das Fleisch zurück in den Topf geben und alles verrühren.

Mit dem Wein ablöschen und aufkochen lassen. Den Fond angießen und zugedeckt ca. 60–70 Min. im heißen Backofen schmoren.

Dann den Deckel abnehmen und den offenen Bräter weitere 20–30 Min. in den Backofen stellen. Die Flüssigkeit etwas einreduzieren. Die Kalbsbäckchen herausnehmen und etwas abkühlen lassen.

Den Bratensatz passieren, evtl. einreduzieren und abschmecken. Das Fleisch mit der Sauce servieren.

Als Beilage empfehlen wir

Spätzle und Buttergemüse

Weingut Eberle-Runkel

Das Familienweingut Eberle-Runkel liegt in der kleinen Weinbaugemeinde Appenheim im rheinhessischen Hügelland zwischen Mainz und Bingen.

Unsere Familie betreibt seit mehreren Generationen Weinbau in Appenheim. Zurzeit bewirtschaften wir eine Rebfläche von 13 Hektar. Der persönliche Einsatz der ganzen Familie im Weinberg und im Keller macht es möglich, in allen Bereichen der Weinbereitung optimal zu arbeiten.

Die Lagen Hundertgulden und Honigberg sind von tonhaltigen Lehmböden geprägt. In diesen Lagen ist der Wasservorrat selbst in heißen Sommermonaten gewährleistet. Ein relativ hoher Kalkanteil mildert die Säure der Weine. Überzeugen Sie sich selbst von der Qualität unserer Produkte.

Wir freuen uns auf Ihren Besuch in unserem Weingut!

Weinempfehlung

2016 Riesling
Nieder-Hilbersheimer Honigberg trocken

Zu den Kalbsbäckchen passt ein kräftiger Weißwein wie diese trockene Riesling Spätlese mit Aromen von gelben Früchten, Kräutern, Heu und Kamille, frischer Säure und feiner Mineralität – straff und geradlinig.

**Alternativ empfiehlt
Stefan Runkel**
2015 Appenheimer Frühburgunder trocken

Hähnchenbrust auf Kartoffelbett
Würzburger Lehrlingsessen

Zutaten für 4 Personen

800 g Hähnchenbrust

500 g Kartoffeln

400 ml Sahne

400 g geriebener Käse

Arbeitszeit Min.

20

Koch-/Backzeit Min.

40

Zubereitung

Die Kartoffeln schälen, in dünne Scheiben (0,5 cm) schneiden und in der Sahne mit Salz und etwas Pfeffer 20 Min. kochen.

Anschließend die gekochten Kartoffelscheiben in eine Auflaufform schichten und mit der Sahne übergießen.

DIe Hähnchenbrüste mit Salz und Pfeffer würzen und auf das Kartoffelbett legen.

Den Backofen auf 180 °C vorheizen und die Auflaufform für 15 Min. hineinstellen.

Nun den Käse über die Hähnchenbrüste streuen und diese weitere 15 Min. backen.

Für eine schöne Käsekruste in den letzten 5 Min. den Grill einschalten.

Weingut Kathrinenhof Familie Reichert

Unser Familienweingut im Herzen Rheinhessens wird in der 6. Generation von Christian und seinem Vater Frank Reichert bewirtschaftet. Aber auch der Seniorchef Rudolf hilft noch tatkräftig mit, und die nächste Generation schnuppert im Laufstall bereits Kellerluft.

Auf 25 Hektar findet sich eine große Vielfalt an traditionellen und neuen Rebsorten. Mit den Weinen der Edition C verbindet Christian traditionelle Methoden der Weinbereitung mit Know-How aus dem Studium und aller Welt. Wir schätzen den persönlichen Kontakt zu unseren Kunden auf einer Auslieferungstour in ganz Deutschland, bei einen Pläuschchen an unserem Weinstand oder ab 2019 in unserer neuen Vinothek.

Weinempfehlung

2016 Grauburgunder
Edition C trocken

Geflügelfleisch, Sahne, Käsekruste – da harmoniert perfekt ein cremiger Grauburgunder, der behutsam im Holzfass ausgebaut wurde. Dieser geradlinige, saftige Wein empfiehlt sich mit Zitrus-, Apfel- und Birnenaromen, nussigen und kräuterigen Noten und feiner, leicht röstiger Holzwürze sowie lebendiger Säure und mineralischen Anklängen.

**Alternativ empfiehlt
Christian Reichert**
2017 Chardonnay Edition C trocken

Poularde
mit Waldpilzragout und Kürbisgemüse

Zutaten für 4 Personen

4 x 200 g Bio-Maispoulardenbrust

4 Zweige Thymian

20 ml Olivenöl

1 Bio-Zitrone

60 g Pfifferlinge

60 g Steinpilze

400 g Kürbis (Hokkaido)

40 g Schalotten

1 Knoblauchzehe

Arbeitszeit Min.	Koch-/Backzeit Min.
60	15

Zubereitung

Die Bio-Maispoulardenbrust ein wenig mit kaltem Wasser abwaschen und auf einem Küchenpapier trocken legen. Danach den Thymian zupfen.

Etwas Schale der Bio-Zitrone abreiben und den Saft auspressen. Im Anschluss den Thymian, den Zitronensaft und das Olivenöl in eine Schale geben und die Hähnchenbrust für eine Stunde darin marinieren.

Zwischenzeitlich die Pilze putzen und in 1 cm große Stücke schneiden.

Dann den Kürbis in 0,5 cm feine Würfel schneiden.

Die Schalotten schälen und in Würfel schneiden, den Knoblauch putzen und fein hacken.

Die Butter im Topf zerlassen, die Schalotten anschwitzen und den Kürbis darin anbraten, mit Salz und Pfeffer würzen.

Die Bio-Maispoulardenbrust in einer Pfanne ohne Fett (ist ja mit Olivenöl mariniert) auf der Haut kross anbraten und auf der anderen Seite fertig braten.

Die Pilze zum Kürbis dazugeben und mit anrösten, bei geschlossenem Deckel fertig garen.

Mit Salz und Pfeffer und ein wenig Muskatnuss würzen.

Weingut Lawall-Stöhr

Feuer und Flamme für Wein, so sind wir. Seit 1757 lebt unsere Familie für den Wein. Die nächste Generation steht bereit, um die lange Geschichte des Weinmachens bei Lawall-Stöhr mit neuem Leben zu füllen.

„Tradition ist nicht das Halten der Asche, sondern das Weitergeben der Flamme." (Thomas Morus) Lernen aus der Vergangenheit, um Zukunft zu gestalten. Das ist es, was wir tun. Traditioneller Weinbau mit der Dynamik der nächsten Generation.

Weinempfehlung

2016 Marie-Charlott Coronet trocken (Burgundercuvée aus Chardonnay, Grauburgunder und Weißburgunder)

Zu den erdig-würzigen Noten des Pilzgerichts passt vortrefflich diese saftige, im Holzfass ausgebaute Weißwein-Cuvée, die mit Aromen von gelben Früchten, Blüten, Nüssen und Kräutern, rauchigen und röstigen Tönen, lebendiger Säure sowie Mineralität und Zug aufwartet.

**Alternativ empfiehlt
Marie Charlott Stöhr**
2016 St. Laurent
Heimersheimer Sonnenberg trocken

Murgh Makhani – indisches Butterhühnchen

Mitbringsel einer Reise durch Indien

Arbeitszeit Min. (ohne Marinieren)	Koch-/Backzeit Min.
90	45

Zutaten für 4 Personen

Salz

1 Prise Chilipulver

1 TL Kurkuma

1 Prise Garam Masala

3 Kardamomkapseln

1 Zimtstange, 3 Nelken,

1 Prise gemahlener Koriander

4 Hähnchenschlegel oder andere Hühnchenteile

400 g Naturjoghurt

5 Knoblauchzehen

1 daumengroßes Stück frischer Ingwer

500 g passierte Tomaten

1 Zwiebel

1–2 EL Mandelmus (alternativ geht auch Cashewmus oder Tahin)

200 ml Sahne und 1 EL Butter

Zubereitung

Die Knoblauchzehen und den Ingwer mit dem Mörser zu einer Paste verarbeiten.

Das Huhn salzen. Aus dem Joghurt, Chilipulver, Kurkuma, Garam Masala und einem Teelöffel der Knoblauch-Ingwer-Paste eine Marinade herstellen. Das Hühnchen darin mindestens 2 Stunden, besser aber über Nacht marinieren.

Das Huhn aus der Marinade nehmen und ca. 15 Min. bei 175 °C Ober- und Unterhitze im Ofen garen, bis es zur Hälfte durch ist.

Den Kardamom, die Zimtstange und die Nelken zusammen mit etwas Chili- und Korianderpulver in einer Pfanne kurz anrösten. Die Zwiebel pürieren und kurz mit anschwitzen. 1 TL der Knoblauch-Ingwer-Paste hinzugeben.

Die passierten Tomaten untermischen und so lange unter Rühren köcheln lassen, bis alles zu einer dickflüssigen Masse einreduziert ist. Die Zimtstange und die Nelken herausnehmen.

100 ml Wasser und 1–2 EL Mandelmus zufügen. Das Mandelmus reduziert die Schärfe und Gewürzintensität, es sollte also je nach Geschmack hinzugegeben werden.

200 ml Sahne unterrühren und mit Garam Masala, Chili und Salz abschmecken. Das Huhn in der Soße zu Ende garen.

1 EL Butter kurz vor dem Servieren hinzugeben und an der Oberfläche schmelzen lassen.

PURA VIDA / Weingut Oswald

© Foto Andreas Durst

100% PURA VIDA, 100% LEBENSFREUDE

PURA VIDA steht für Genuss, Glück und Optimismus. Weine, die einfach Spaß machen! Unkomplizierter Trinkfluss, echtes Handwerk, aufregendes Design. Von uns für euch – Klara & Simon.

Wir, Klara und Simon Müller-Oswald, sind qualitätsorientierte Jungwinzer mit Spaß am Beruf.

2017 haben wir PURA VIDA ins Leben gerufen. Daneben führen wir gemeinsam das Weingut Oswald.

Unsere Weine stehen für Weltoffenheit und Reiselust. So auch unsere farbenfrohen Stadtkarten auf dem Etikett: Schließt die Augen und denkt an bunte Seidensaris, würzige Currys, Kühe und Fahrradrikschas, alte Tempel und den lebhaften Trubel in den Straßen – welcome to Neu Delhi, Indien!

Weinempfehlung

2017 PURA VIDA Sauvignon Blanc

Zum pikanten Huhn auf indische Art passt sehr gut ein leicht restsüßer Wein wie dieser Sauvignon Blanc.

Die sortentypischen Aromen reichen von gelben Früchten über Paprika und Kräuter bis zu Gras und Blüten, die lebendige Säure und der süßliche Schmelz ergeben ein animierendes Spiel.

**Alternativ empfiehlt
Klara Müller-Oswald**
2017 WEINGUT OSWALD
Scheurebe trocken

WEINREGION SAALE-UNSTRUT

Kostbare
Weine
einzigartige
Kulturland-
schaft

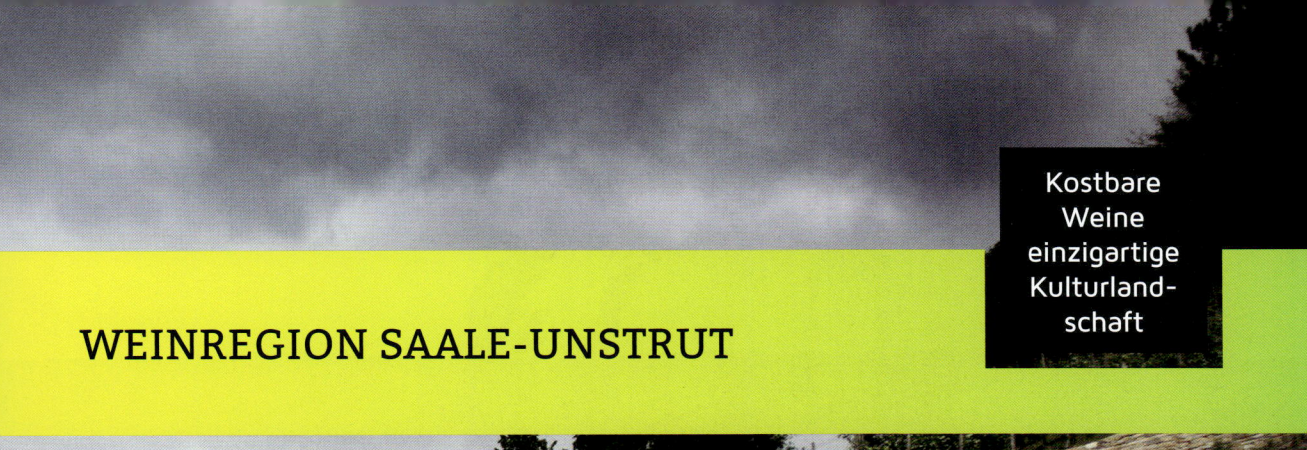

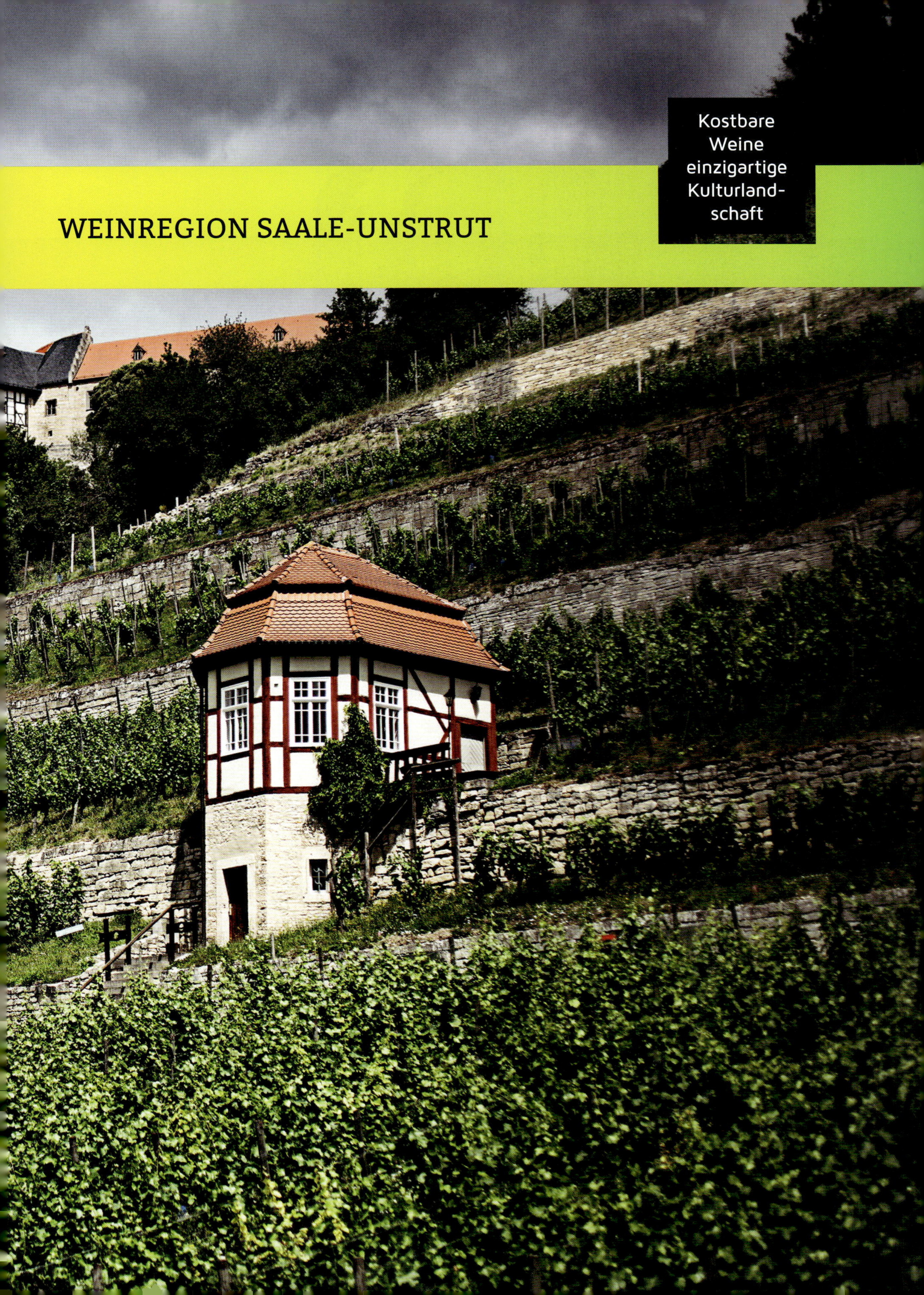

Weinregion Saale-Unstrut

Kostbare Weine · einzigartige Kulturlandschaft

Das Anbaugebiet hat seinen Namen von den zwei Flüssen, in deren Tälern die meist terrassierten Weinberge liegen. Saale-Unstrut ist das nördlichste Qualitätswein-Anbaugebiet Deutschlands und umfasst rund 750 Hektar Rebfläche. Der größte Teil der Weinberge liegt im Süden Sachsen-Anhalts, einige Hektar in Thüringen und Brandenburg.

Weinbau ist hier nur in geschützten Lagen möglich. Die Rebhänge sind vorwiegend nach Süden gerichtet, und in den Flusstälern bilden Wärmeinseln ein besonders mildes Mikroklima; die jährliche Niederschlagsmenge ist sehr gering. In den drei Bereichen Mansfelder Seen, Schloss Neuenburg und Thüringen wachsen die Reben auf Muschelkalk, Buntsandstein, Lösslehm und Kupferschiefer.

Die Hauptrebsorte ist der Müller-Thurgau, aber auch Weißburgunder, Silvaner und Riesling zählen zu den Klassikern des Gebiets. Auf etwa einem Viertel der Rebfläche stehen Rotweinsorten, vor allem Portugieser, Dornfelder, Spätburgunder und Zweigelt.

Die erste urkundliche Erwähnung des Weinbaus an Saale und Unstrut datiert auf das Jahr 998. Seitdem finden sich hier ursprüngliche Landschaften mit Steilterrassen, jahrhundertealten Trockenmauern und Weinberghäuschen, Burgen und Schlössern, dazwischen Streuobstwiesen und Flussauen.

Der größte Teil des heutigen Anbaugebiets befindet sich im „Naturpark Saale-Unstrut Triasland". Kulturhistorische Sehenswürdigkeiten sind bedeutende Bauwerke wie der Naumburger Dom sowie mystische Stätten wie der Fundort der „Himmelsscheibe von Nebra". In Freyburg an der Unstrut findet jedes Jahr am zweiten Septemberwochenende das größte Winzerfest der Region statt.

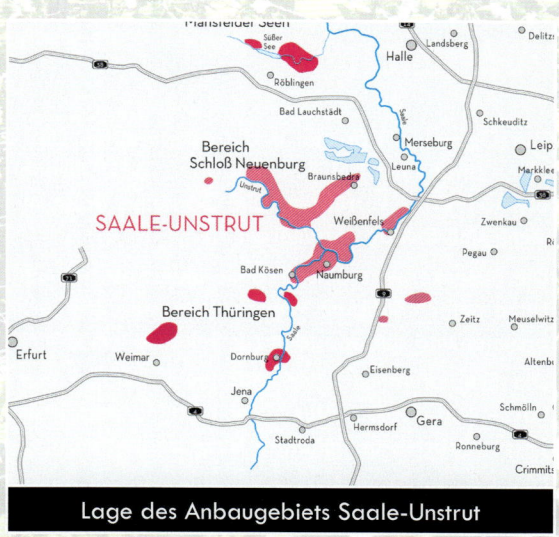

Lage des Anbaugebiets Saale-Unstrut

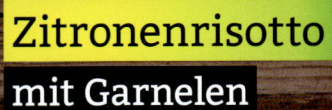

Zitronenrisotto
mit Garnelen

Zutaten für 4 Personen

320 g Risottoreis (z.B. Arborio)

400 g Riesengarnelen

250 g Zuckerschoten

100 ml trockener Weißwein

1 Knoblauchzehe

2 Schalotten

800 ml Gemüsebrühe

40 g geriebener Parmesan

2 unbehandelte Zitronen

20 g Pinienkerne

75 g Butter

Arbeitszeit Min.	Koch-/Backzeit Min.
100	40

Zubereitung

Die Garnelen waschen und trockentupfen. Den Saft einer Zitrone mit 1 TL Schalenabrieb, 2 EL Olivenöl und etwas Pfeffer verrühren. Die Garnelen darin mindestens eine Stunde marinieren.

Die Pinienkerne in einer Pfanne ohne Fett bei mittlerer Hitze unter häufigem Wenden anrösten, bis sie leicht bräunen und duften; dann zur Seite stellen.

Die Schalotten und den Knoblauch schälen und fein hacken. In etwas Butter zusammen mit dem restlichen Zitronenabrieb bei mittlerer Hitze andünsten.

Den Reis zugeben, kurz andünsten und mit dem Wein ablöschen. Den restlichen Zitronensaft und etwas Brühe dazugeben und bei mittlerer Hitze einkochen lassen. Das Risotto unter stetigem Rühren ca. 25 Min. garen; zwischendurch immer wieder Brühe nachgießen.

Die Zuckerschoten putzen und ggf. schräg halbieren. In kochendem Salzwasser 1–2 Min. blanchieren, kalt abschrecken und abtropfen lassen. Mit den marinierten Garnelen in heißem Öl 3–4 Min. unter Wenden braten. Mit der restlichen Marinade ablöschen.

Die restliche Butter, den Parmesan, etwas gehackte Petersilie und die Pinienkerne unter das Risotto rühren. Mit Salz und Pfeffer abschmecken. Die Garnelen und die Zuckerschoten auf dem Risotto anrichten und mit Parmesanspänen bestreuen.

Weingut Hey

Unser 2008 gegründetes Familienweingut liegt nur wenige Kilometer vor den Toren Naumburgs. In der Lage Naumburger Steinmeister bewirtschaften wir heute insgesamt 5 Hektar und lesen die Trauben für unsere Weine in mehreren Durchgängen selektiv per Hand.

Fingerspitzengefühl, Erfahrung und Experimentierfreude sind für uns dabei wichtiger als moderne Technik.

Wir konzentrieren uns daher im Keller verstärkt auf traditionelle Verfahren der Weinbereitung und arbeiten mit langen Maischestandzeiten und Spontangärung.

Unseren Weinen lassen wir viel Zeit zum Reifen, damit sie zeigen dürfen, was in ihnen steckt.

Weinempfehlung

2017 Weißer Hey trocken
(Cuvée aus Silvaner, Riesling und Weißburgunder)

Zu diesem frischen Gericht passt sehr gut ein entsprechend leichter Wein – wie diese weiße Cuvée, die mit Aromen von gelben und weißen Früchten, leicht exotischen Anklängen sowie floralen und pflanzlich-würzigen Noten begeistert und dank moderater Säure und zartem Schmelz ein sehr angenehmes Mundgefühl beschert.

**Alternativ empfiehlt
Alexander Schau**
2017 Rosé trocken

WEINREGION SACHSEN

Weinregion Sachsen

Cool Climate Saxony · Winzer, Weine & Visionen

Das Anbaugebiet Sachsen beginnt bei Dresden und erstreckt sich im Elbtal und den Nebentälern über 55 Kilometer zwischen Pirna und Diesbar-Seußlitz.

Daneben gibt es die Bereiche Elstertal in Sachsen-Anhalt und Schlieben in Brandenburg. Sachsen ist das nordöstlichste und mit rund 490 Hektar Rebfläche eines der kleinsten Weinbaugebiete Deutschlands.

Der Weinbau hat hier eine über 800-jährige Tradition; im Jahr 1161 wurde er erstmals urkundlich erwähnt und umfasste in seiner Blütezeit im 17. Jahrhundert eine Fläche von 5.000 Hektar.

Das gemäßigte Kontinentalklima ist geprägt von milden Jahrestemperaturen und mittleren Niederschlägen. Die Bodenstruktur ist vielfältig und reicht von Granit- und Granitporphyr-Verwitterungen bis zu Lehm, Löss und Sandstein.

Die typischen, mit Bruchsteinmauern terrassierten Steillagen sind ein besonderes Kleinod des sächsischen Weinbaus, denn an den steilen Elbhängen gedeihen die großen Weine des Gebiets wie Weiß- und Grauburgunder und vor allem Traminer. Auch Müller-Thurgau, Riesling, Kerner, Elbling und Gutedel sowie Spätburgunder sind von Bedeutung, und eine regionale Spezialität ist der Goldriesling.

Die sächsischen Weine findet man hauptsächlich im Anbaugebiet selbst. Eine gute Gelegenheit, sie zu entdecken, sind die „Tage des offenen Weingutes in Sachsen": Jedes Jahr am letzten Augustwochenende laden mehr als 25 Weingüter zu Kellerbesichtigungen, Weinbergführungen und Verkostungen ein.

Sehens- und erlebenswert sind neben den Städten Dresden und Meißen – wo auch das größte Weinfest der Region gefeiert wird – zahlreiche Schlösser, Berg-, Lust- und Winzerhäuser sowie Weinbergskirchen und Weinschänken in der Umgebung.

143

Lage des Anbaugebiets Sachsen

Rote-Bete-Knödel
mit Parmesansauce

Zutaten für 4 Personen

120 g schnittfestes Weißbrot oder Knödelbrot

50 g Zwiebel, fein geschnitten

20 g Butter

100 g gekochte Rote Bete

2 Eier

50 g Gorgonzola

20 g Mehl

1 TL Petersilie, fein geschnitten

100 ml Sahne

Lauchstreifen, in Butter gedünstet

50 g Parmesan

Arbeitszeit Min.	Koch-/Backzeit Min.
20	15

Zubereitung

Das Weißbrot in kleine Würfel schneiden.

Die Zwiebel in Butter dünsten und über das Brot geben.

Die Roten Bete mit den Eiern pürieren und mit dem zerbröselten Gorgonzola zum Brot geben.

Das Mehl dazugeben, mit Salz, Pfeffer und Petersilie würzen, alles gut vermischen und die Masse 15 Min. ruhen lassen.

Aus der Masse nicht zu große Knödel formen und in kochendem Salzwasser etwa 15 Min. ziehen lassen.

Die Sahne aufkochen, den Parmesan hinzugeben und fein mixen, eventuell salzen und pfeffern.

Die Knödel auf dem gedünsteten Lauch anrichten und mit der Parmesansauce servieren.

Weingut Schuh

Wir, Katharina und Matthias, sind echte Winzerkinder und führen das Weingut unserer Eltern seit 2016 mit viel Leidenschaft und Liebe zum Wein. Der Anspruch, den wir selbst an unser Gut und unsere Weine stellen, ist untrennbar mit einer nachhaltigen Art des Lebens und Arbeitens verknüpft.

Dass wir bei der Herstellung unserer Weine ökologische Aspekte berücksichtigen und ressourcenschonende Wege gehen, ist kein Marketing, sondern unsere Verantwortung, die wir als Winzer aus Respekt gegenüber Mensch und Natur übernehmen.

Die Welt ist fröhlich und bunt, unsere Weine sind es auch! Wir feiern das Leben und den Genuss auf unserem 1990 gegründeten Weingut vor den Toren Meißens. Hier erwarten Sie eine Vinothek, ein Weinrestaurant und liebevoll eingerichtete Gästezimmer – sowie jede Menge Events.

Weinempfehlung

2016 Riesling
Meißner Kapitelberg trocken

Das recht gehaltvolle Gericht erhält mit diesem Riesling einen animierenden Begleiter, der mit Apfel-, Pfirsich- und Zitrusaromen, kräuterigen und erdig-mineralischen Anklängen sowie frischer Säure den Gaumen belebt.

Alternativ empfiehlt
Katharina Pollmer
2017 DER ROSA SCHUH trocken

WEINREGION WÜRTTEMBERG

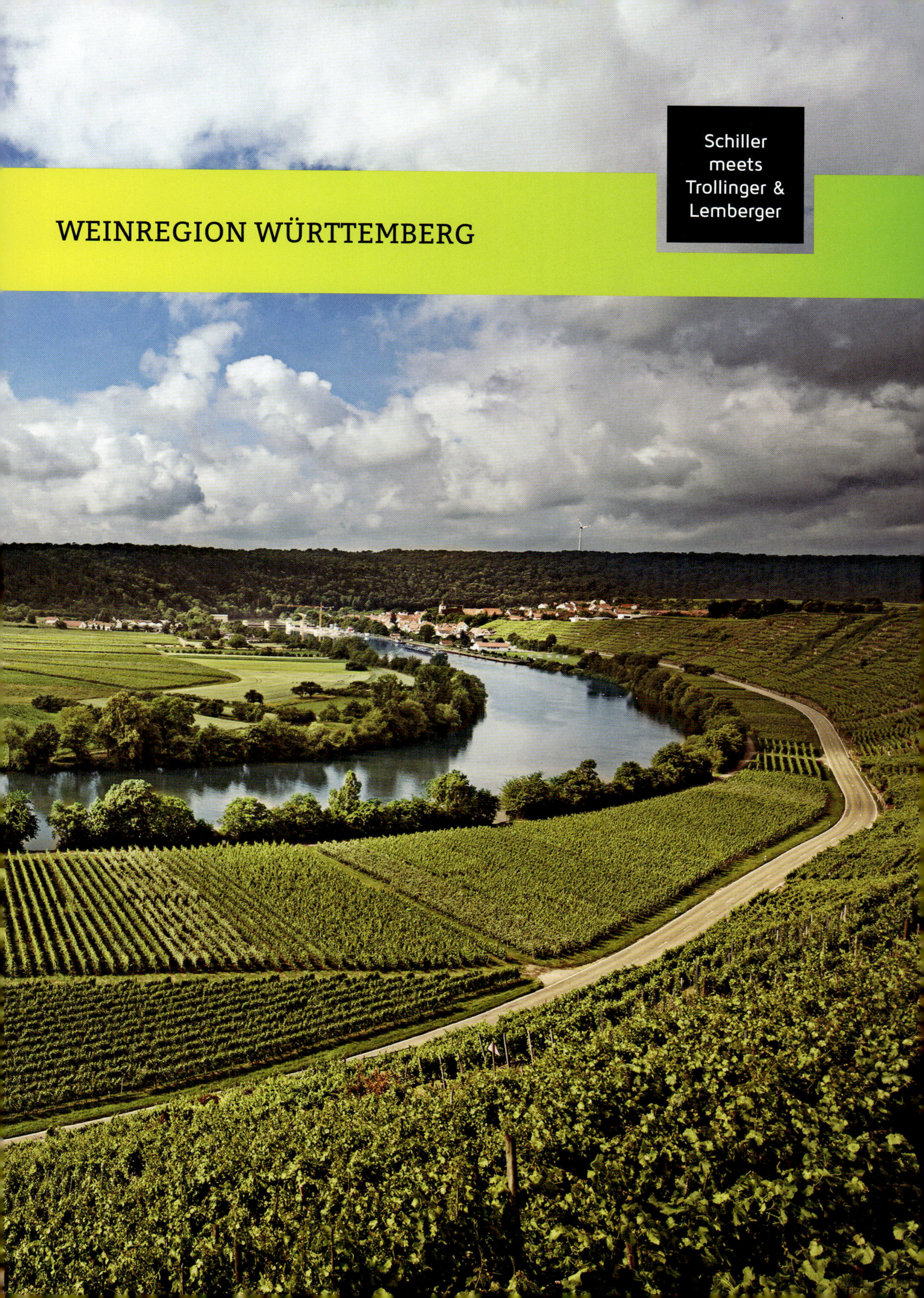

Schiller
meets
Trollinger &
Lemberger

Weinregion Württemberg

Schiller meets Trollinger & Lemberger

Württemberg ist Deutschlands viertgrößtes Weinbaugebiet und umfasst rund 11.400 Hektar Rebfläche. Es liegt zwischen Reutlingen und Bad Mergentheim mit Zentren in Stuttgart und Heilbronn.

Die württembergischen Weinberge befinden sich in den Tälern des Neckars und seiner Nebenflüsse Rems, Enz, Kocher, Jagst und Tauber sowie am Bodensee. Das Herzstück des Gebiets ist der Bereich Württembergisches Unterland am mittleren Neckar, südlich davon schließt sich der Bereich Remstal-Stuttgart an; die weiteren Bereiche sind Württembergischer und Bayerischer Bodensee, Kocher-Jagst-Tauber und Oberer Neckar.

Die Tallage des Neckars ist durch den Schwarzwald und die Schwäbische Alb geschützt, so dass die Jahrestemperaturen im Gebiet mild sind. Die Böden sind von verschiedenen Keuperformationen geprägt, im mittleren Neckarraum sind auch Muschelkalkinseln anzutreffen.

70 Prozent der württembergischen Anbaufläche sind mit Rotweinsorten bestockt, allen voran Trollinger, gefolgt von Schwarzriesling, Lemberger und Spätburgunder sowie Samtrot und Frühburgunder. Die wichtigste Weißweinrebe in Württemberg ist der Riesling, und auch Kerner, Müller-Thurgau und Silvaner spielen eine Rolle.

Eine beliebte Spezialität im Sommer ist der Württemberger Schillerwein, der aus roten und weißen Trauben hergestellt wird. Etwa 80 Prozent der Württemberger Weine werden von den mehr als 50 Weingärtnergenossenschaften des Gebiets vermarktet.

Rund 200 Veranstaltungen rund um den Wein bieten jedes Jahr Genuss und Geselligkeit. Eines der bekanntesten und größten Weinfeste in der Region ist das „Heilbronner Weindorf", und in Heilbronn findet alljährlich auch der „Trollinger-Marathon" statt.

Kulturhistorische Sehenswürdigkeiten in Württemberg sind davon abgesehen etwa das Schiller-National-Museum in Marbach oder die Burg Hornberg des Götz von Berlichingen.

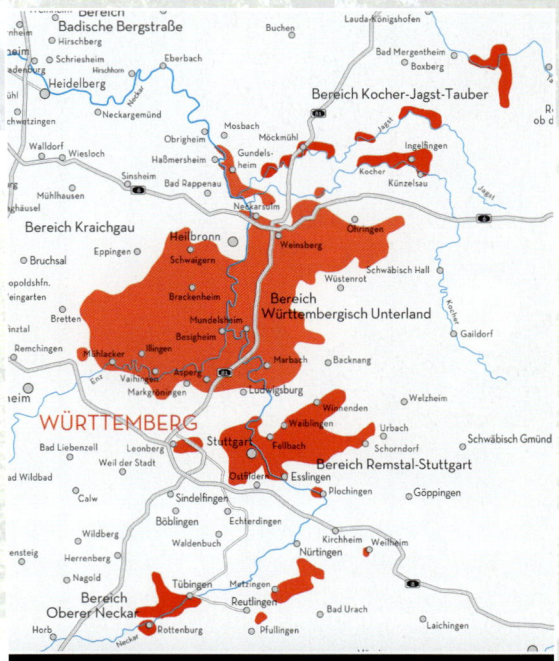

Lage des Anbaugebiets Württemberg

149

Ensinger Dennede

Schwäbische Pizza mit vielfältigem Belag

Zutaten für 4 Personen

500 g Mehl Typ 1050
(am besten Dinkel-, Weizen-
und Roggenmehl gemischt)

250 ml Wasser

1 Päckchen Trockenhefe

1 Becher Schmand

150 g Speckwürfel

200 g Reibekäse

1 feingehackte Zwiebel

Prise Salz

vegetarisch: 4 bunte Paprika, 4 Lauchzwiebeln

Arbeitszeit Min.	Koch-/Backzeit Min.
35	15

Zubereitung

Aus Mehl, Hefe, Salz und Wasser einen Hefeteig herstellen und diesen rund 1 Stunde gehen lassen.

Den Hefeteig in vier Teile aufteilen, längliche Fladen (Dennede) formen, dann den Teig nochmals kurz gehen lassen.

Den Schmand mit Salz und Pfeffer vermischen, auf jeder Dennede rund 40 g Schmand verteilen.

Die Dennede mit Schinken und Käse oder vegetarisch belegen.

Im Ofen bei 175 °C Ober- und Unterhitze ca. 10 Min. goldgelb backen.

„Dennede auf den Tisch, Wein ins Glas."

Weingut Walz

Idyllische Lage in der Natur, direkter Blick auf den Ensinger Schanzreiter, immer eine herzliche Stimmung in der neuen Vinothek – Generationenzusammenspiel live.

Mara Walz ist in die Fußstapfen ihres Vaters Bastian getreten: Seit 2015 ist sie nach dem Weinbau-Studium im Weingut aktiv, begleitet von der Zeit als Deutsche Weinprinzessin 2016/2017.

„Das Wissen, dass die Reben auch von nächsten Generationen bewirtschaftet werden wollen, leitet unser Handeln in allen Bereichen", da sind sich Mara und Bastian einig. Lemberger, Spätburgunder, Merlot und Riesling prägen die Weinberge und bringen das Terroir des Strombergs ins Glas.

„Keep calm and drink walz wein" – dieses Motto sorgt nicht nur bei der Arbeit für einen kühlen Kopf, sondern beschreibt die Stimmung bei Familie Walz sehr treffend.

Weinempfehlung

2016 Rotweincuvée
Ensinger WINTER trocken

Die deftig belegte schwäbische Teigspezialität harmoniert bestens mit einem kraftvollen, ausgewogenen Rotwein wie dieser Cuvée: saftig und geradlinig mit fruchtigen Aromen von roten Beeren und Kirschen, würzigen Noten von Kräutern und leicht rauchigem Holz sowie frischer Säure und feinem Tannin.

**Alternativ empfiehlt
Mara Walz**
2016 Lemberger -S-
Ensinger Schanzreiter trocken

Lammsteaks
mit Rosmarinkartoffeln, Kräuterschmand und Cherry-Tomaten

Arbeitszeit Min.	Koch-/Backzeit Min.
60	40

Zutaten für 4 Personen

400 g Lammsteaks

je 1 Bund Rosmarin, Thymian, Petersilie, Schnittlauch

Salz, Pfeffer, Zucker

Semmelbrösel

Butter, Olivenöl

500 g Kartoffeln

1 kg Rispentomaten

Balsamico-Essig

1 Becher Schmand

Sherry trocken

Zubereitung

Die Lammsteaks etwas andrücken und anschließend mit Pfeffer und Salz würzen. Danach auf beiden Seiten im Öl scharf anbraten. Anschließend im Backofen bei 180 °C ca. 10 Min. vorgaren.

Alle Kräuter fein hacken und mit den Semmelbröseln und der Butter vermischen.

Die Kartoffeln waschen und vierteln, auf einem Backblech auslegen und bei 200 °C Ober-/Unterhitze für ca. 30 Min. in den Backofen schieben. Danach mit Olivenöl, Pfeffer und Salz bestreichen und bei 180 °C für 10 Min. erneut in den Ofen schieben.

Frische Kräuter (Petersilie und Frühlingszwiebeln) klein schneiden und mit dem Schmand verrühren; mit Salz und Pfeffer abschmecken.

Die Rispentomaten in der Pfanne anbraten und mit Zucker karamellisieren. Dann mit einem Schuss Sherry und Balsamico-Essig ablöschen. Bei mittlerer Hitze köcheln lassen, bis die Tomaten aufplatzen.

Weingut Escher

Wein ist für uns Tradition und modernes Kulturgut, das höchste handwerkliche Hingabe verdient hat — der Wein, den wir weitergeben wollen, soll Freude und Genuss bereiten und Menschen verbinden.

Durch die Lagenvielfalt mit sehr vielschichtigen Bodenformationen und unterschiedlichen Höhenlagen erzeugen wir Jahr für Jahr vollreife und ausdrucksstarke Spitzengewächse.

Zusätzlich sind wir der Überzeugung, durch nachhaltiges, handwerkliches Arbeiten und Denken im Einklang mit der Natur unseren Rebstöcken etwas Gutes zu tun. Im größtmöglichen Einklang mit der Natur streben wir nach gesunden, vollreifen Trauben und selektieren bis zu drei Mal von Hand.

Auszeichnungen:

DLG Jungwinzer des Jahres in Deutschland 2014/2015 2. Platz

VINUM Deutscher Rotweinpreis 2017 1. Platz
Zweigelt GOLDRÉSERVE (Kategorie Neuzüchtungen)

Weinempfehlung

2016 Lemberger
GOLDRÉSERVE trocken

Zum Lamm passt dieser elegante, vollmundige Lemberger exzellent. Er präsentiert sich kraftvoll, weich und nachhaltig mit Aromen von reifen dunklen Beeren, Kirschen, Gewürzen, getrockneten Kräutern und Schokolade, pfeffrigen und ätherischen Anklängen, zart röstigen und rauchigen Holztönen, feinem Tannin, feiner Säure und mineralischem Kern.

**Alternativ empfiehlt
Christian Escher**
2016 Spätburgunder
BERGKEUPER trocken

Gegrillter Rehrücken vom Maibock
an buntem Linsensalat

Arbeitszeit Min. 60

Koch-/Backzeit Min. 35

Zutaten für 4 Personen

800 g Rehrücken, ausgelöst

3 Zweige frischer Thymian

3 Zweige frischer Rosmarin

250 g dunkle Linsen (bevorzugte Sorte „Alb-Leisa")

1 Apfel

2 EL Zitronensaft

1 Möhre

1/2 Bund frischer Koriander

2 EL Balsamico-Essig

3 EL Olivenöl

Zubereitung

Den ausgelösten Rehrücken von den Sehnen und der Silberhaut befreien, danach abtupfen und mit grobem Pfeffer würzen. Währenddessen den Grill anfeuern.

Die Linsen in kaltem Wasser zum Kochen bringen und ca. 25 Min. köcheln lassen. Solange die Linsen noch bissfest sind, abseihen.

Während die Linsen abkühlen, den Apfel und die Möhre schälen und in kleine Würfelchen schneiden, den Apfel mit dem Zitronensaft beträufeln.

Den frischen Koriander waschen und grob hacken.

Den Linsensalat mit Balsamico-Essig und Olivenöl anmachen und die Karotten- und Apfelstückchen darunter mischen. Mit etwas Salz, Pfeffer, Muskatnuss und Kreuzkümmel würzen und mit Zitronensaft abschmecken. Den frischen Koriander zum Schluss dazugeben.

Den Rehrücken bei guter Hitze von allen Seiten auf dem Grill anbraten. Anschließend in Alufolie legen und zusammen mit dem Thymian und dem Rosmarin einwickeln. Nochmals 10–15 Min. bei schwacher Hitze ziehen lassen.

Den rosa gebratenen Rehrücken aus der Alufolie nehmen und auf einem Brett anschneiden, mit etwas grobem Meersalz und Pfeffer würzen.

Die Scheiben vom Rehrücken zusammen mit dem Linsensalat auf einem Teller anrichten.

Als Beilage empfehlen wir

Frisch gebackene Focaccia

Weingut Idler

Marcel Idler gründete 2012 mit 24 Jahren sein eigenes Weingut im Remstal. Dort produziert er auf 6,5 Hektar ausdrucksstarke Rotweine und mineralische Weißweine, die biologisch angebaut werden. Schon nach kurzer Zeit bekam der Jungwinzer erste Auszeichnungen und Anerkennung für seine Weine. Der Schwerpunkt liegt beim Weißwein klar auf dem Riesling, die Reben hierfür sind teils 45 Jahre alt.

Im Rotweinbreich wird vor allem der Lemberger forciert, der auf den kalkhaltigen Böden optimal gedeiht und viel Würze bekommt. Aber auch spannende Cuvées aus traditionellen und internationalen Rebsorten sind von Bedeutung. Seit zwei Jahren werden die Kunden in einer neuen Vinothek empfangen. Neben dem Wein hat Marcel die Jagd als zweite Leidenschaft und kocht daher am liebsten das selbst erlegte Wild.

Weinempfehlung

2015 Lemberger
Reserve trocken

Der Rehrücken braucht einen starken Partner wie diesen festen, straffen, kraftvollen Lemberger, dessen Aromatik von dunklen Beeren und Kirschen sowie Gewürzen (vor allem Sternanis) geprägt ist. Florale Noten, erdige und holzige Würze, kräftiges Tannin, lebendige Säure und ein gehaltvoller Abgang zeugen von Charakter.

**Alternativ empfiehlt
Marcel Idler**
2016 Vom Keupergrund
Rotweincuvée trocken
(Zweigelt, Dornfelder und
Portugieser)

Reh
mit Preiselbeersauce

Zutaten für 4 Personen

1 kg Rehbraten (aus der Keule)
250 ml Wildfond
250 ml Orangensaft
1 Bund Suppengrün
3 Zweige Thymian
100 g Sahne
4 EL Preiselbeeren (aus dem Glas)
1 Zwiebel

Arbeitszeit Min.	Koch-/Backzeit Min.
45	180

Zubereitung

Den Backofen mit einer ofenfesten Form auf 80 °C vorheizen. Das Fleisch salzen, pfeffern und in 1 EL heißem Schmalz in einer Pfanne rundherum 7–8 Min. anbraten. In die Form geben und 150 Min. im Ofen garen. Die Pfanne beiseite stellen.

1 gestrichenen EL Mehl und 1 EL Butter mit einer Gabel verkneten und kalt stellen.

30 Min. vor Ende der Garzeit die Zwiebel schälen und fein hacken, das Suppengrün waschen, putzen und klein würfeln. Wiederum Butterschmalz in der Pfanne mit dem Bratensatz erhitzen, die Zwiebel und das Suppengrün darin 3 Min. unter Rühren anbraten.

Die angebratene Zwiebel und das Suppengrün mit dem Wildfond und dem Orangensaft ablöschen. Den Thymian waschen und dazugeben. Alles auf die Hälfte einkochen, dann durch ein Sieb in einen Topf gießen.

Den Bratensaft aus der Form und die Sahne dazugeben und alles weitere 5 Min. kochen lassen.

Die vorbereitete Mehlbutter in Flöckchen einrühren und die Sauce sämig einkochen lassen. Die Preiselbeeren unterrühren und die Sauce mit Salz und Pfeffer abschmecken.

Den Rehbraten in Scheiben schneiden, die Sauce dazu reichen.

Als Beilage empfehlen wir

Kräuterspätzle

Weingut Schwarz

Die über 300-jährige Weinbautradition in der Familie wird heute von Markus Schwarz gemeinsam mit Ludwig und Stefanie weitergeführt.

Nach der Ausbildung in den renommierten Weingütern Drautz-Able, Jürgen Ellwanger und Aldinger, der Technikerschule in Weinsberg bzw. dem Studium in Geisenheim sowie Auslandsaufenthalten in Südafrika, Kanada und Österreich sind Ludwig – hauptverantwortlich für Keller und Außenbetrieb – und Stefanie – Marketing und Weinberg – im Betrieb tätig.

Das Weingut bewirtschaftet 10 Hektar Rebfläche; zu 65 % werden rote Rebsorten angebaut, hierbei liegt der Fokus auf Lemberger, Spätburgunder und Merlot.

Weinempfehlung

2015 Merlot
Impuls trocken

Das würzige Reh mit der leicht süßlichen Sauce bekommt hier einen würdigen Begleiter: Tief, kraftvoll und vollmundig zeigt sich dieser Merlot mit Aromen von dunklen Früchten, Gewürzen und Kräutern, röstigen und leicht rauchigen Holznoten, vegetabilen und nussigen Anklängen, kräftigem, dabei geschmeidigem Tannin, lebendiger Säure und gehaltvollem Abgang.

**Alternativ empfiehlt
Stefanie Schwarz**
2015 Lemberger Impuls trocken

Zanderfilet an Rieslingsauce
mit Rahmsauerkraut

Arbeitszeit Min. **45**

Koch-/Backzeit Min. **30**

Zutaten für 4 Personen

700 g Zanderfilet	1 unbehandelte Zitrone	300 ml Weißwein	Salz, Pfeffer
600 g Sauerkraut	400 ml Sahne	50 ml Noilly Prat	Thymian
70 g Zwiebeln	100 ml Fischfond	1 Kartoffel	Piment
60 g Schalotten	100 ml Gemüsebrühe	80 g Apfelmus	Wacholderbeeren

Zubereitung

Für die Rieslingsauce die geschälten Schalotten klein würfeln und in einem Topf in zerlassener Butter bei mittlerer Hitze mit einem Zweig Thymian anschwitzen.

Mit ein wenig Mehl bestäuben und mit 200 ml Weißwein, Noilly Prat und Fischfond ablöschen. Die Sauce auf die Hälfte reduzieren, mit 200 ml Sahne auffüllen und aufkochen. Den Thymian entfernen, mit Salz und Pfeffer abschmecken und die Sauce pürieren.

Für das Rahmsauerkraut 200 ml Sahne in einem Topf um die Hälfte reduzieren. Die geschälte Zwiebel fein würfeln und in einem separaten Topf in zerlassener Butter anschwitzen. Das Kraut hinzugeben und mit 100 ml Weißwein und der Gemüsebrühe ablöschen.

Das Sauerkraut unter Rühren köcheln lassen und mit 1 Pimentkorn und 2 getrockneten Wacholderbeeren 5 Min. ziehen lassen.

Die Kartoffel schälen, mit dem Apfelmus und der einreduzierten Sahne fein pürieren. Die Masse zum Kraut geben, 10 Min. köcheln lassen, dann mit Salz und Pfeffer würzen.

Für das Zanderfilet von der Zitrone mit dem Messer 2 Streifen von der Schale abschneiden. Öl in einer Pfanne erhitzen, den Zander auf der Hautseite mehlieren und mit der Hautseite nach unten in der Pfanne anbraten.

Den Fisch in der Pfanne salzen und die Zitronenschalen sowie 2 Zweige Thymian in der Pfanne mit anbraten. Butter hinzugeben und direkt den Fisch wenden. Die Pfanne vom Herd nehmen und den Fisch mit der restlichen Hitze gar ziehen lassen.

Als Beilage empfehlen wir:

Schupfnudeln

Fellbacher Weingärtner eG

Die Fellbacher Weingärtner gehören zu den innovativen Betrieben im Remstal und erzeugen Qualität auf höchstem Niveau. Auszeichnungen wie der „VINUM Deutsche Rotweinpreis", der „beste Trollinger Deutschlands" oder der „Vaihinger Löwe" unterstreichen die Vielseitigkeit der Genossenschaft.

Auch die Jungwinzervereinigung „next Generation" erzielte bereits Erfolge wie die Auszeichnung „beste Jungwinzerkooperation Württembergs" und zeigt neben dem etablierten Riesling nG trocken auch bei der Produktion und Vermarktung eines Orange Wines und Sekts ihr Können.

Das gesamte Sortiment kann in der modernen Vinothek in der Neuen Kelter verkostet werden. Oldtimerbustouren und weitere Veranstaltungen sowie kulinarische Weinproben um die Neue Kelter und entlang des Kappelbergs werden ebenfalls geboten.

Weinempfehlung

2017 Riesling
next Generation trocken

Dieser Riesling darf bereits der Sauce Geschmack verleihen – damit passt er auch perfekt als begleitendes Getränk zum Essen: Die Aromen erinnern an Pfirsiche, Aprikosen, Zitrusfrüchte und Kräuter, die frische Säure und die mineralischen Noten harmonieren besonders gut mit dem Fisch.

**Alternativ empfiehlt
Philipp Laipple**
2017 Grau-Weiß Cuvée S
trocken

Fisch-Burger
mit Avocado, Remoulade und Salat

Arbeitszeit Min. **35**

Koch-/Backzeit Min. **10**

Zutaten für 4 Personen

4 Burgerbrötchen (am besten selbst gebacken)

600 g Fischfilet (z.B. Rotbarsch)

1 reife Avocado

100 g Babyleaf-Salat

200 g Mayonnaise (am besten selbst gemacht)

1 gekochtes Ei

2 Sardellenfilets

2 TL Kapern

2 Knoblauchzehen

1 Bund glatte Petersilie

Salz, Pfeffer

Zubereitung

Das Fischfilet zusammen mit den geschälten Knoblauchzehen und einem halben Bund Petersilie durch den Fleischwolf drehen. Mit Salz und Pfeffer würzen, gut vermengen und mit einer Burgerpresse vier Pattys herstellen. Die Pattys kühl stellen.

Für die Remoulade das gekochte Ei fein würfeln und die Sardellenfillets, die Kapern und einen halben Bund Petersilie fein hacken. Anschließend mit der Mayonnaise vermengen.

Den Babyleaf-Salat waschen und verlesen. Die Avocado entsteinen, schälen und in dünne Spalten schneiden.

Eine beschichtete Pfanne erhitzen. Die Burgerbrötchen halbieren und darin rösten, anschließend warmhalten.

4 EL Butterschmalz in die Pfanne geben und die Fischpattys darin pro Seite ca. 5 Min. bei mittlerer Hitze braten; dabei nur einmal wenden.

Die untere Brötchenhälfte mit Babyleaf-Salat und Avocado-Scheiben belegen, den Patty darauf geben, die obere Hälfte mit einem ordentlichen Klecks Remouladensauce bestreichen und über den Patty klappen.

Als Beilage empfehlen wir

Selbst gemachte Kartoffel-Wedges aus dem Ofen

Weinschwestern | Weingut Bihlmayer

Wir sind die Weinschwestern! Vier Schwestern vom Land, die auf einem Weingut in Löwenstein aufgewachsen sind. Wir sind vier unterschiedliche junge Frauen, die das Leben in der Großfamilie lieben.

Wir sind heimatverbunden, anpackend und für jeden Spaß zu haben. Wir lieben Wein, Essen, gute Laune, Zusammensein und das wertvolle Leben, das wir leben dürfen.

Es ist einfach schön, wenn alle beisammen sind: im Weinberg, bei der Arbeit, beim Grillen, beim Festefeiern und vor allem beim Wein. Unsere Weine erzählen unsere Geschichten und unser Leben. Wir sind wir – und was unser Leben mit dem Wein ausmacht und was uns bewegt, erzählen wir auf unseren Etiketten.

Es verstecken sich Zitate, Wünsche und die unbedingte Liebe zum Leben in jedem kleinen Kunstwerk. Zum Anschauen und Auskosten!

Weinempfehlung

2017 Weißburgunder Wanderlust
Löwensteiner Salzberg trocken

Mit seinen Aromen von Äpfeln, Birnen und Zitrusfrüchten, seinen floralen und mineralischen Noten und seiner lebendigen, frischen Säure ist dieser Weißburgunder ein exzellenter Begleiter zu Fisch – auch als Burger.

**Alternativ empfiehlt
Amelie Bihlmayer**
2017 Riesling
Eat Sleep Riesling Repeat
Löwensteiner Wohlfahrtsberg
trocken

Spargelsalat mit Shrimps
„Der leckere, erfrischende Salat an heißen Tagen"

Arbeitszeit Min.	Koch-/Backzeit Min.
20	10

Zutaten für 4 Personen

1 kg Spargel

200 g gekochter Schinken

200 g Shrimps

2 EL Essig

2 EL Öl

6 EL Salatcreme (z.B. Miracel Whip)

Schnittlauch

Pfeffer aus der Mühle

Zubereitung

Den Spargel mit etwas Salz und Zucker nicht zu weich kochen.

Den Schinken klein schneiden.

Aus Essig, Öl, Salatcreme, Salz und Pfeffer eine Salatsauce zubereiten.

Den Spargel, den Schinken und die Shrimps vorsichtig mit der Salatsauce mischen.

Den Salat mindestens 1 Stunde kühl durchziehen lassen.

Vor dem Servieren mit geviertelten hartgekochten Eiern und Schnittlauch verzieren.

Triebwerk Heilbronn

Triebwerk — das sind die Jungwinzer der Genossenschaftskellerei Heilbronn. Gegründet wurde das Jungwinzerprojekt Triebwerk im Jahr 2010.

30 Winzer haben sich zum Ziel gesetzt, hochwertige, charaktervolle und trockene Weine zu vinifizieren. 30 Jungwinzer bedeuten auch 30 Rebflächen, das steht für eine große Vielfalt an Lagen, Terroirs und Klimabedingungen.

Aus diesen Rebflächen stellen jeweils nur die besten Weinberge die Trauben für die beiden Triebwerk-Weine. Die Weinberge sind teilweise mit Reben bepflanzt, die ein Alter von über 60 Jahren haben. Mit diesen qualitativ hochwertigen Trauben können die Jungwinzer in Zusammenarbeit mit dem Kellermeister ihrer Kreativität und Individualität freien Lauf lassen, und es entstehen ausdrucksstarke, vielschichtige und facettenreiche Weine.

Weinempfehlung

2017 Riesling
Triebwerk trocken

Der Salat mit Gemüse und Fleisch lässt sich mit vielen Weinen kombinieren. Eine besondere Empfehlung ist dieser kraftvolle, fruchtbetonte, saftige Riesling mit Aromen von Pfirsichen, Zitrusfrüchten, Aprikosen und Äpfeln, Anklängen an Kräuter und Blüten, mineralischen Noten und einer lebendigen, frischen, feinen Säure.

Alternativ empfiehlt
Markus Eberle
2015 Lemberger
Triebwerk trocken

Risotto Nero
mit Oktopus und Rucola

Arbeitszeit Min. 45

Koch-/Backzeit Min. 30

Zutaten für 4 Personen

3 Schalotten

300 g Risotto-Reis

500 ml trockener Weißwein

1000 ml heißer Fischfond oder Gemüsebrühe

1 ganzer Oktopus

300 g verschiedenes Wurzelgemüse

60 g Butter

120 g Parmesan

2 Päckchen Sepia-Tinte

200 g Rucola

Olivenöl, Salz, Pfeffer

Balsamico-Essig

Zubereitung

Den Oktopus gründlich waschen, dann in 300 ml Wein, 600 ml Wasser mit dem zugegebenen Wurzelgemüse weich kochen.

Die Schalotte fein würfeln und in heißem Öl glasig dünsten. Den Reis unterrühren, bis alle Körner vom Fett überzogen sind.

Mit 200 ml Wein ablöschen und unter Rühren bei mittlerer Hitze vollständig einkochen lassen.

Mit der heißen Brühe oder dem Fischfond auffüllen, bis der Reis knapp bedeckt ist. Bei milder Hitze 20–25 Min. garen, dabei nach und nach weiter Brühe/Fond zugießen und immer wieder umrühren.

Die Butter und die Sepia-Tinte unter das Risotto rühren, dabei nach und nach den Parmesan untermischen. Das Risotto salzen und pfeffern.

Den Oktopus in kleine Stücke schneiden und entweder in der Pfanne oder auf dem Grill anbraten. Leicht mit Salz und Pfeffer würzen.

Den Rucola mit etwas Pfeffer, Salz, Olivenöl und Balsamico-Essig marinieren.

Das Risotto in einen tiefen Teller geben, die gebratenen Oktopusstücke darauf verteilen, den marinierten Rucola als Dekoration darauf setzen.

Weingut Alexander Bauer

Familiengeführtes, kleines Weingut in einem Vorort von Heilbronn. Hauptsächlich Rotwein, aber auch etwas Weißwein. Besuchen Sie uns gerne auch während der Öffnungszeiten unserer Besenwirtschaft.

Hier können Sie alle Weine auch im offenen Ausschank genießen, dazu gibt es Klassisches, aber auch Neues aus unserer Küche.

Nutzen Sie die Möglichkeit und übernachten Sie bei uns auf dem Weingut. Lernen Sie die Familie Bauer persönlich kennen und überzeugen Sie sich von der Arbeit in den Weinbergen und im Keller.

Alexander Bauer hat in Geisenheim Weinbau und Oenologie studiert und führt zusammen mit seiner Partnerin Julia Brockschmidt und den Eltern Franz und Monika Bauer den Betrieb.

Die ganze Familie und das Weingutsteam freuen sich auf Ihren Besuch und wünschen viel Spaß beim Nachkochen.

Weinempfehlung

2015 Lemberger R
trocken

Mit dem würzigen Gericht harmoniert auch ein Rotwein gut – wie dieser kraftvolle, saftige Lemberger. Die Aromen reichen von Sauerkirschen und dunklen Beeren über Kräuter und Gewürze bis zu leicht rauchigem und röstigem Holz, animierend wirken kühle mineralische Noten, das kräftige, geschliffene Tannin und die frische Säure.

**Alternativ empfiehlt
Alexander Bauer**
2015 Riesling
aus heiterem Himmel
trocken

GENERATION
RIESLING

EMPFEHLUNGEN DER WINZERINNEN UND WINZER IN DEN REGIONEN

Ahr

Hotels

Hotel Weyer

www.hotel-weyer.de

In ruhiger Lage und nur wenige Minuten vom Stadtzentrum Bad Neuenahr und der Ahrufer-Promenade gelegen.

Hotel Ruland

www.hotel-ruland.de

Übernachten direkt an der Ahr im frisch renovierten Brunnenhaus.

Restaurants

Dagernova Culinarium

www.dagernova.de/restaurant

Mit der Vinothek im Erdgeschoss und dem Restaurant Culinarium auf der ersten Etage wird das Motto „Genuss auf zwei Etagen" mit Leben gefüllt.

Restaurant Ruland

www.hotel-ruland.de

Ländlich kreative Küche mit regionaler Weinkarte.

Aktivitäten

Dokumentationsstätte Regierungsbunker

www.regbu.de

Der ehemalige Regierungsbunker im Ahrtal öffnet seine atombombensicheren Tore als Museum mit originaler Einrichtung und spannender Führung. Eine Besichtigung kann perfekt mit einer Wanderung über den Rotweinwanderweg mit anschließender Weinprobe in einem der Weingüter kombiniert werden.

Baden

Hotels

Landgasthof Rebstock in Sulzburg

www.rebstock-in-sulzburg.de

Bei diesem historischen Gasthof handelt es sich um ein altes Handelshaus, das 1373 erstmals als „Schänke zum oberen Tor" erwähnt wurde.

Dutters Stube
Gasthaus-Weinhotel Adler
Gasthaus-Metzgerei Ochsen
Gasthaus Stube

www.endingen.de

Übernachtungsempfehlungen in den Winzerdörfern Königschaffhausen und Kiechlinsbergen.

Restaurants

Landgasthof Rebstock in Sulzburg

www.rebstock-in-sulzburg.de

Christoph Keller verwöhnt Sie in den stilvoll eingerichteten Gaststuben oder auf der Gartenterrasse mit ehrlicher, naturnaher Küche.

Dutters Stube
Gasthaus-Weinhotel Adler
Gasthaus-Metzgerei Ochsen
Gasthaus Stube

www.endingen.de

Restaurantempfehlungen in den Winzerdörfern Königschaffhausen und Kiechlinsbergen.

Aktivitäten

Gutedel-Wandertag

www.markgraefler-wein-ev.de/gutedelwandertag

Nach der erfolgreichen Premiere im Jahr 2012 findet alle zwei Jahre an Christi Himmelfahrt der Gutedel-Wandertag im südlichen Markgräflerland statt.

Kirschenmuseum

www.endingen.de

Bereichsweinfest Kaiserstuhl & Tuniberg
Veranstaltungsreihe „Offene Winzerkeller" in den Kaiserstühler Winzergenossenschaften.

Franken

Hotels

Vital Hotel Bad Windsheim
www.vital-hotel-adt.de
Direkt neben der Franken-Therme Bad Windsheim mit Bademantelgang in die Franken-Therme.

Gästehaus & Winzerstube Weinbau Dürr
www.weinbau-duerr.de
Gästehaus im Weinparadies.

Restaurants

Genusswerk. Vinothek. Restaurant.
www.genusswerk-franken.de
Einzigartiges Winzer-Gastronomie-Konzept, modernes Ambiente, saisonale leckere Küche.

Gästehaus und Winzerstube Weinbau Dürr
www.weinbau-duerr.de
Typische fränkische Küche, deftige Brotzeiten.

Aktivitäten

Weinparadies Franken
www.weinparadies-franken.de
Einzigartige Weinlandschaft, mit zahlreichen Wander- und Radwegen.

Theaterwochenende im Paradies
www.weinbau-duerr.de
Der Dramatische Club Alpenröserl (ältester noch spielender Amateurverein Münchens) spielt immer am letzten Juni-Wochenende im Weingut ein Theaterstück.

Hessische Bergstraße

Hotels

Hotel Michel
www.michelhotel-heppenheim.de
Sehr zentral gelegen.

Restaurants

Gossini
www.gossini.de
Modernes Restaurant, Lounge und Bar in einem Haus, das 1873 als Gesellenhaus eingeweiht wurde. Die heutige Architektur ist aus dem Jahr 1903, verbunden mit Moderne.

Aktivitäten

UNESCO-Welterbe Kloster Lorsch
www.kloster-lorsch.de
Dem Kloster angeschlossen ist das Freilichtlabor Lauresham.

Mosel

Hotels

Vinotel Dax
www.weingut-dax.de
Weinguts-Hotel mit Frühstück.

Mittlers Restaurant - Hotel
www.mittlers-restaurant.de
Sehr gutes Restaurant mit kreativer Küche.

Mosel-Landhaus Hotel Oster
www.hotel-oster.de
Kleines, feines Hotel mit persönlicher Note.

Restaurants

Filla Andre
www.filla-andre.de
Moselländische Küche in traumhaftem Ambiente und mit guter Weinkarte.

Das Landgasthaus Müller
www.mueller-mehring.de
Regionale Wildspezialitäten, eigene Metzgerei.

WEIN+RAUM
www.weingut-oster.de
Straußwirtschaft mit moseltypischen Gerichten in neuem Gewand. Jedes Wochenende wechselnde Specials aus der Winzerküche.

Aktivitäten

Reichsburg Cochem
www.burg-cochem.de
Intakte Burg in mittelalterlicher Kulisse, die einzigartig auf einem Felsvorsprung trohnt.

Ritsch-Panorama-Steig
Wanderweg durch eine der spektakulärsten Weinbergssteillagen der Mosel.

Calmont Klettersteig
www.calmont-region.de
Ein Klettersteig durch den steilsten Weinberg Europas. Auf dem Weg von Eller nach Bremm müssen Felsen, Leitern und Steigungen überwunden werden.

Nahe

Hotels

Das Bollants Bad Sobernheim
www.bollants.de
Bekannt für erstklassigen Wellness-Urlaub.

Landhotel Kauzenburg
www.kauzenburg.de

Quartier Linde
www.quartier-linde.de
Urlaub für die Seele.

Restaurants

Gasthaus zur Töpferstube in Spabrücken
Gutbürgerliche Küche mit super Preis-Leistungs-Verhältnis. Jeden Freitag und Samstag ofenfrische Pizza – super lecker!

Panoramarestaurant Kauzenburg
www.kauzenburg.de
Tolle Aussicht über Bad Kreuznach, regionale Küche.

Straußwirtschaft Weingut Weinheimer Hof
www.weinheimer-hof.de
Regionale und saisonale Gerichte im historischen Innenhof mit romantischen Nischen.

Aktivitäten

Vitaltour „Stein, Wein & Farbe" in Wallhausen
Immer einen Besuch wert!

Burgruine Rheingrafenstein – Aussichtspunkt Gans
www.bad-kreuznach-tourist.de/aktiv-und-natur/wandern/wanderrouten-bad-kreuznach/
ClassicTour Rheingrafenstein.

Rhein-Nahe-Mündung
Wander-Rundweg, Fähre, Gondel.

EMPFEHLUNGEN DER WINZERINNEN UND WINZER IN DEN REGIONEN

Pfalz

Hotels

Katharinenhof Bad Dürkheim
www.katharinenhof-hauer.de
Ferienwohnungen im Rebenmeer Bad Dürkheims.

Gästehaus Schneider Rohrbach
www.haus-schneider-rohrbach.de
260 Jahre altes Fachwerkhaus.

Gästehaus Fitz-Schneider
www.wein-fitz-schneider.de
Familiengeführtes Gästehaus.

Pension Bergel
www.haus-bergel.de
Pension, Restaurant, Weinstube.

Zum Kronprinz
www.kronprinz-weyher.de

Hotel Luise
www.hotel-luise-bza.de
Hotel Luise in der Nähe des Kurparks und der Therme in Bad Bergzabern.

Ferienwohnung Tilla Eck
www.weingut-eck.de/ferienwohnung
Ferien auf dem Winzerhof mit Blick auf die „Kleine Kalmit".

Hotel Berghof
www.berghofalbersweiler.de
Schönes Hotel am Rande des Pfälzer Walds.

Gästehaus Oswald
www.gaestehaus-pfalz.de
Hundefreundliches Gästehaus in Forst an der Weinstraße.

Pfalz

Hotels

Hotel Café Ritter von Böhl
www.ritter-von-boehl.de
Das Hotel mit Café liegt im Stadtkern Deidesheims und vereint modernen Komfort mit nostalgischem Flair. Der romantische Hofgarten lädt zum Verweilen ein.

Alter Winzerhof
www.alter-winzerhof.de
In Weisenheim am Berg.

Gästehaus Eschment
www.gaestehaus-eschment.de
Übernachten umgeben von Weinbergen mit liebevoll eingerichteten Zimmern. Der perfekte Ort, um von hier aus die Pfalz zu erkunden oder einfach abzuschalten.

Hotel - Restaurant „Zum Bahnhof 1894"
www.bahnhof-rohrbach.de
Garni-Hotel mit angeschlossenem Restaurant.

Hotel Haus am Weinberg
www.hausamweinberg.de
Tolle Lage und sehr gute Küche.

Kaisergarten Hotel & Spa Deidesheim
www.kaisergarten-deidesheim.com
Die Hotelbar ist bei Gästen und Einheimischen aufgrund einer großen Getränkeauswahl sehr beliebt.

Netts Landhaus
www.nettsrestaurant.de
Zwei Unterkünfte, bei denen man alles richtig macht: Das Landhaus am Ortseingang oder die zugehörigen Zimmer in der Andorffschen Mühle.

Zeiskamer Mühle
www.zeiskamermuehle.de
Wenn es etwas Besonderes sein soll.

171

EMPFEHLUNGEN DER WINZERINNEN UND WINZER IN DEN REGIONEN

Pfalz

Restaurants

Gutsausschank Katharinenhof
www.katharinenhof-hauer.de
Gutsausschank mit regionaler und saisonaler Küche im Weingut.

Zum Bahnhof 1894, Rohrbach
www.bahnhof-rohrbach.de/zum-bahnhof-1894.html
Regionales Essen in einem tollen Ambiente.

Waldgaststätte Siegfriedschmiede
www.siegfriedschmiede.de
Essen in einer urigen Waldgaststätte.

Restaurant Bergel
www.haus-bergel.de
Leckere Köstlichkeiten nach klassischen Rezepten.

Kirchstübel St. Martin
www.kirchstuebel.de
Regionale, vegetarische, moderne Küche.
Tradition trifft Moderne.

Reuters Holzappel
www.reuters-holzappel.de
Uriges Restaurant.

„Zum Prinz" in Ilbesheim
www.zumprinz.de
Sowohl Altbewährtes als auch frische kulinarische Ideen gibt es im urigen ehemaligen Winzeranwesen.

Noels Prinz
www.noels-prinz.de
Frankophil konzipierte Küche –
traditionell pfälzisch-elsässisch mit feinem Schliff.

Landgasthof Zickler
www.landgasthof-zickler.de
Regionale Küche auf Spitzenniveau.

Pfalz

Restaurants

Turm Stübl – Die gute Stube in Deidesheim
www.turmstuebel.de
Mitten in den engen Gässchen von Deidesheim, gemütliche Atmosphäre in Sandsteinmauern, kulinarische Leckereien und Pfälzer Klassiker.

Restaurant Admiral
www.admiral-weisenheim.de
In Weisenheim am Berg.

Goldberg Restaurant
www.goldberg-restaurant-bissersheim.de
Ein Garten, der zum Verweilen einlädt, frische Küche und ein Familienrestaurant mit viel Liebe zum Detail.

Raddegaggl-Stubb Landau
www.raddegaggl.de
Traditionsreiche Pfälzer Weinstube mit urigem Ambiente.

Weinstube Brand
Geschmackserlebnis PUR!

Restaurant St. Urban Deidesheim
www.deidesheimerhof.de/de/weinstube-
landhauskueche-pfalz-saumagen
Der Altkanzler und Pfälzer Helmut Kohl hat hierher viele Staatsgäste zum Pfälzer Saumagen eingeladen.

Eselsburg
www.eselsburg.de
Pfalz pur!

Sterne Sepp
www.sternesepp.de
Gutbürgerliche Küche.

Pfalz

Aktivitäten

Bad Dürkheimer Wurstmarkt
www.bad-duerkheim.com/duerkheimer-wurstmarkt
Das Größte Weinfest der Welt! Die fünfte Jahreszeit
Bad Dürkheims.

Burg Landeck
www.burglandeck-pfalz.de
Rohrbacher Weinfest, Weinbergswanderung entlang
der Rohrbacher Mandelbäume.

Weinessiggut Doktorenhof
www.doktorenhof.de
Uriges Essiggut in Venningen mit Führung und Verkostung. Einen Besuch wert!

Hambacher Schloss
www.hambacherschloss.eu
Tolle Wanderwege, angeschlossenes Restaurant, Veranstaltungen über das ganze Jahr. Das Hambacher
Schloss kann ganzjährig besichtigt werden und bietet
mit der Dauerausstellung auch Programm im Trockenen.

Winzerstube - Volker Krug
www.volker-krug.de
Ausgefallene, saisonale und regionale Küchenkreationen, gepaart mit hochwertigen Pfälzer Weinen und
traumhaftem Blick in die Rheinebene.

Fun Forest Kandel
www.kandel.funforest.de
Outdoor-Kletterpark.

Kleine Kalmit in Ilbesheim
www.ilbesheim.de
Kalmitfest (immer am letzten Juliwochenende).

Albersweiler an der Südlichen Weinstraße
www.albersweiler.de
Schönes, uriges Dörfchen mit viel Charme und tollen
Weingütern.

Pfalz

Aktivitäten

Hansel-Fingerhut-Fest in Forst
www.brauchtumsverein-forst.de/
Historisches, als immaterielles Kulturerbe ausgezeichnetes Sommertagsspiel am Sonntag Lätare: Der Kampf
des Sommers gegen den Winter.

Wein- und Sektsymposium, Herxheim am Berg
Sommerliches Weinfest mit wunderbarer Aussicht im
ehemaligen Schlossgarten.

Fest der offenen Höfe in Bissersheim
Jedes Jahr am zweiten Wochenende im August lädt
der Ort zum Weinfest ein. Das Besondere bei diesem
Fest ist das abwechslungsreiche Rahmenprogramm der
Weingüter.

Das „Steinzeithaus"
www.museum-herxheim.de/steinzeithaus.html
Dieses Steinzeithaus wurde im Sommer 2016 westlich
von Herxheim wieder aufgebaut – an jenem Ort, hatten
bereits vor 7.500 Jahren steinzeitliche Siedler gewohnt.

Villa Ludwigshöhe
www.schloss-villa-ludwigshoehe.de
Hainfelder Weinrunde.

Michaelskapelle Deidesheim
Von der Michaelskapelle in Deidesheim kann man einen
umwerfenden Ausblick über die gesamte Vorderpfalz
mit vielen Top-Weinlagen der Region genießen.

Loblocher Weinzehnt an Pfingsten
www.loblocher-weinzehnt.de
Kleines und sehr gemütliches Weinfest am Pfingstwochenende.

Rheingau

Hotels

Hotel Weinhaus zum Krug
www.zum-krug-rheingau.de
Jeder Rheingauer kennt es.

Weingut und Weinhotel Offenstein Erben in Eltville
www.offenstein-erben.de
Zentrale, ruhige Lage, liebevoll eingerichtete Zimmer, reichhaltiges Frühstücksbuffet, Vinothek und Weinproben, Rheinpromenade und Restaurants in Fußnähe.

Restaurants

Hotel Weinhaus zum Krug
www.zum-krug-rheingau.de
Essen auf hohem Rheingauer Niveau.

Kiedricher Hof
www.kiedricher-hof.de
Saisonale, moderne, regionale Frischeküche, feine Weinauswahl ausschließlich von Rheingauer Jungwinzern, im charmanten Renaissancehaus im Herzen von Kiedrich.

Aktivitäten

Romantik-Tour, Wanderung mit Gondel, Sessellift und Bootstour
www.seilbahn-ruedesheim.de
Man kann jederzeit seinen Lieblingswein auspacken und picknicken.

Eltville am Rhein – Wein-, Sekt- und Rosenstadt
www.kulturland-rheingau.de
Rheinpromenade mit Weinständen, Rheingauer Schlemmerwochen, Rheingau Musik Festival, Sekt- und Biedermeierfest.

Rheinhessen

Hotels

Jordans Untermühle
www.jordans-untermuehle.de
Wellness- und Tagungshotel.

Rheinhessen INN
www.rheinhessen-inn.de
Das Hotel Rheinhessen INN – Tagen und Übernachten in gemütlicher Atmosphäre mitten in Rheinhessen in Wörrstadt. Moderne Vinothek mit vielen tollen Weinen.

Landgästehaus Freund
www.landgaestehaus.de
Das Landgästehaus Freund im rheinhessischen Partenheim ist ein freundlich geführter Familienbetrieb.

N8 Quartier
www.n8quartier.de
Zentral gelegenes, neu eröffnetes Hotel in nahegelegenen Wörrstadt. Super modern, mit perfekter Autobahnanbindung und großer Gastfreundschaft.

Übernachtungsmöglichkeiten der „Rheinhessen AUSGEZEICHNET" Vinotheken Flonheim
www.rheinhessen.de/vinotheken-mit-guetesiegel
Winzerhotels.

Hotel Selzgold
www.selzgold.de
Das Hotel Selzgold liegt im Herzen der Stadt Alzey, der heimlichen Hauptstadt Rheinhessens, direkt an der Fußgängerzone.

Gästehaus Rosenhof Mainz
www.rosenhof-mainz.de
Gemütliches Gästehaus im charakteristischen Hofgut.

Gut Leben am Morstein
www.am-morstein.de
Liegt am Ortsrand, und in fünf Minuten ist man mitten in den Weinbergen.

EMPFEHLUNGEN DER WINZERINNEN UND WINZER IN DEN REGIONEN

Rheinhessen

Restaurants

Civitas
www.civitasnierstein.eatbu.com
Landhaus-Küche und tolles Ambiente.

Hundertguldenmühle Appenheim
www.100guldenmuehle.de/
Sehr liebevoll hergerichtete alte Mühle mit schönem Garten und Außenbereich.

Zum goldenen Engel
www.zum-goldenen-engel.com
Moderne Küche trifft auf rheinhessische Weine in ihrer gesamten Vielfalt.

Vinothek Wangenrot Weinbar, Vinothek, Kultur
www.vinothek-wangenrot.de
Für den kleinen Hunger werden zum Wein unterschiedliche Leckereien angeboten.

Weinlokal Leonard
www.weingut-becker.com
„Regional, saisonal, frisch" lautet das Motto des gutseigenen Lokals im Weingut Becker. Alle Speisen sind perfekt abgestimmte Weinbegleiter.

Zum Goldenen Engel Flonheim
www.zum-goldenen-engel.com
Regionale und gehobene Gastronomie.

Zum Wein-Zinken
www.wein-zinken.de
Typisch regionale rheinhessische Speisen. Für jedermann eine Auswahl auf der Karte.

Metzlers im Golfclub
www.die-metzlers.de
Ehemaliger Sternekoch auf dem höchsten Golfplatz Rheinhessens; direkt am Panoramawanderweg Wißberg.

Rheinhessen

Restaurants

Darmstädter Hof
www.darmstädterhof.de
Gemütliche, urige Landgaststätte in unserem Heimatort mit traditioneller und auch moderner Küche.

---

vis à vis
www.visavis-osthofen.de
Ausgezeichnete Weine, sehr gutes Essen und schönes Ambiente im Kreuzgewölbe.

Aktivitäten

Hiwweltour Zornheimer Berg
www.rheinhessen.de/hiwweltour-zornheimer-berg
Obst und Wein, Artenreichtum und Panoramablicke – die Hiwweltour Zornheimer Berg ist abwechslungsreich, kurzweilig und vermittelt Wissen über Flora und Fauna.

Hiwweltour Bismarckturm
www.rheinhessen.de/hiwweltouren
Wandern um den Bismarckturm und durch den Appenheimer Hundertgulden. Mit vielen schönen Stellen zum Pausieren und Verweilen.

Roter Hang Nierstein
www.roter-hang.de
Genießen Sie das besondere Ambiente des weltberühmten Roten Hangs in Nierstein, ob bei einer Wanderung durch die Weinberge oder bei der Weinpräsentation im Juni.

Rheinhessenvinothek Weingalerie & Weinlouge
www.rhh-vinothek-alzey.de
50 Winzer, 150 Weine, 1 Location – im Alzeyer Mittelpunkt, dem Rossmarkt, treffen sich hier die Weinfans der Region sowie zahlreiche Weintouristen.

Hohlwege-Paradies Alsheim
www.alsheim.de

EMPFEHLUNGEN DER WINZERINNEN UND WINZER IN DEN REGIONEN

Rheinhessen

Aktivitäten

Flonheim schenkt ein!
www.wine-flow.de/flonheim-schenkt-ein
Wandern mit dem Weinpass von Weingut zu Weingut der WineFlow-Winzer mit regionalen Köstlichkeiten — immer am ersten Sonntag im November.

Nachtwächterführung durch Alzey
www.alzey.de
Begleiten Sie den Nachtwächter auf seinem Rundgang durch die alten Gassen der Stadt Alzey.

Schutzhütte „Am Gigser"
Schutzhütte „Am Gigser" mit einen wunderschönen Blick über das rheinhessiche Hügelland vom Wißberg bis ins Binger Loch.

Weinausschank am Fischtorstand in Mainz
In Sichtweite des Doms kann man hier in geselliger Runde auf den Stufen am Rhein sitzen, den Sommer genießen und schöne Stunden verbringen.

Kellerlabyrinth Oppenheim
Weinfest am Pilgerpfad in Bechtheim.

Saale-Unstrut

Hotels

Gasthof Zufriedenheit
www.gasthof-zufriedenheit.de
Boutique-Hotel im Herzen Naumburgs.

Restaurants

Ratskeller Naumburg
www.ratskeller-brauhaus.de
Brauhaus und Traditionsküche.

Aktivitäten

Weinmuesum Sachsen-Anhalt auf Schloss Neuenburg
www.schloss-neuenburg.de/weinmuseum.html
Zwischen Fest und Alltag — Weinkultur in der Mitte Deutschlands.

Sachsen

Hotels

Weinrestaurant im Weingut Schuh
www.weingut-schuh.de
3- bis 5-Sterne-Zimmer.

Restaurants

Weinrestaurant im Weingut Schuh
www.weingut-schuh.de
Leckere, gute Landküche.

Aktivitäten

Meißen Porzellanmanufaktur, Dresden City, Meißen City
Rock'n'Rolling Hoffest im Weingut Mitte September.

Württemberg

Hotels

Hotel Einhorn
www.einhorn-oppenweiler.de
Modernes Hotel mit angeschlossenem Restaurant.

Weinstadt Hotel
www.weinstadt-hotel.de
Zum Hotel gehört das Restaurant s'Krönchen, dass Sie mit schwäbisch-französischer Küche und Fischspezialitäten verwöhnt.

Hotel & Restaurant Ochsen
www.ochsen-online.de
Hotel und Restaurant in Zentrumsnähe im Stuttgarter Stadtteil Wangen.

Gästehaus Bauer
www.bauer-weingut.com
Schlafen auf dem Weingut, Bett-und-Bike-Betrieb, empfohlenes Weinhotel.

Pension Kachelofa
www.kachelofa.de

Württemberg

Hotels

Landhaus Hohly
www.landhaus-hohly.de
Das Aussichtsrestaurant in den Löwensteiner Bergen.

Hotel und Gutsgaststätte Rappenhof
www.rappenhof.de
Übernachten im Landhauszimmer.

Große Vielfalt an Hotels in dieser Region
www.remstal-route.de
Es gibt viele gemütliche Zimmer inmitten der Weinlandschaft.

Restaurants

Restaurant Mille-Miglia
www.restaurant-millemiglia.de
Gute Küche im Autohaus.

Gasthof Adler
www.adler-baach.de
Die Küche im Adler lebt von regionalen, frischen Produkten mit schwäbischem Akzent. Traditionelle Gerichte und eine tolle Weinauswahl werden hier geboten.

Alte Kelter
www.altekelter.com
Schwäbische Küche at its best! Genialer Zwiebelrostbraten und Maultaschen in allen Variationen.

Weinstube Nöth
www.weinstube-noeth.de
Traditionelle deutsche Küche mit mediterranem und asiatischem Einschlag.

Fellbach · ein kulinarischer Höhepunkt im Remstal
www.remstal-route.de
Neben drei mit einem Michelin-Stern ausgezeichneten Restaurants findet man in Fellbach für jeden Gaumen das passende Lokal.

Hangensteiner Hof
www.hangensteiner-hof.de
Schöne Lage in der Natur mit großer Terrasse.

Restaurant Traube Eichelberg
www.traube-eichelberg.de
Super leckeres und regionales Essen!

Hotel-Restaurant Sonne Talheim
www.hotel-sonne-talheim.de
Alex Fritz kombiniert traditionelle schwäbische Küche mit ausgesuchten überregionalen Schmankerln.

Württemberg

Aktivitäten

Mercedes-Benz-Museum
www.mercedes-benz.com/de/mercedes-benz/classic/museum/
Als einziges Museum der Welt kann das Mercedes-Benz Museum die 130-jährige Geschichte der Automobilindustrie vom ersten Tag an lückenlos darstellen.

Remstal-Route
www.remstal-route.de
Remstal-Radweg durch die Weinberge, Wanderung über die „Korber Köpfe".

Skulpturenpfad Strümpfelbach
www.weinstadt.de
43 Skulpturen aus Bronze und Stein – Werke aus drei Generationen der Künstlerfamilie Nuss – säumen den Skulpturenpfad durch die Strümpfelbacher Weinberge.

Grabkapelle auf dem Württemberg
www.grabkapelle-rotenberg.de
Einer der romantischsten Orte im Ländle mit einer grandiosen Aussicht auf das Neckartal und Stuttgart.

Kochkurse oder Fine Dining bei Peter von Ribbeck
www.herrvonribbeck.de/home.html
Kochen und genießen mit und bei Peter von Ribbeck. Verbinden Sie doch Ihren Aufenthalt in Heilbronn mit einem spannenden Kochkurs!

Remstal Gartenschau 2019
www.remstal.de
16 Kommunen – eine Gartenschau.

Aussichtspunkt vom Ensinger Hubühl
Weiter Ausblick von den Weinbergen bis zum Stuttgarter Fernsehturm. Lässt sich wunderbar mit einer Wanderung zum Kletterwald Illingen verbinden (ca. 1 Stunde).

Stand-up-Paddling
www.longboardshop.de
Im Longboardshop in Löwenstein können die Stand-up-Paddel-Boards ausgeliehen werden, und am Breitenauer See kann es dann sofort losgehen. 100% Spaß garantiert!

Experimenta Heilbronn
www.experimenta.science
Experimente zum Mitmachen für Jung und Alt.

DER KULINARISCHE DREIKLANG:
SPEISE, WEIN UND WASSER

Um den passenden Wein zu einem Gericht aus-
zuwählen, gibt es bestimmte Aspekte zu berücksichtigen. Im Restaurant übernimmt diese Aufgabe oft der Sommelier, der als Weinfachmann
in der Gastronomie um die geschmacklichen
Wechselwirkungen zwischen Wein und Speisen
weiß.

Dieselben Grundsätze gelten auch, wenn man
zu Hause kocht und einen Wein zum Essen trinken möchte. Und dabei ist noch eine weitere
Geschmackskomponente von Bedeutung: das
Wasser.

WECHSELWIRKUNGEN ZWISCHEN SPEISE UND WEIN

Bei der Kombination von Speisen und dazu passenden (korrespondierenden) Weinen geht es darum, ein stimmiges und nachhaltiges Genusserlebnis zu schaffen. Dabei kann man entweder auf Harmonie (Übereinstimmung oder Ergänzung der Geschmackskomponenten) oder auf Spannung setzen – so geht man schließlich auch beim Kochen vor, wenn man in einzelnen Gerichten mit Aromen, Texturen und Temperaturen spielt.

Für die Weinauswahl sind in diesem Zusammenhang die Zubereitungsart der Speise, die Fülle und der Gehalt der Speise sowie die Aromenausprägung und -intensität der Speise wichtig. Dabei sollten Wein und Speise gleichberechtigte Partner sein: Der Wein soll geschmacklich mit dem Gericht harmonieren und die Aromen der Speise unterstreichen, darf sie aber nicht überdecken.

Die sensorischen Eigenschaften von Speise und Wein müssen insofern so aufeinander abgestimmt werden, dass sie einander sinnvoll ergänzen; dabei sind positive Verstärkungen erstrebenswert, negative Verstärkungen jedoch zu vermeiden.

Folgende Wechselwirkungen zwischen Wein und Speise gilt es zu berücksichtigen:

- Süße im Wein verstärkt die Aromen der Speise und schwächt Säure und Bitterstoffe im Gericht ab.

- Säure im Wein betont Schärfe und Würze des Gerichts, verstärkt die Säure und kann Süße und Bitterstoffe der Speise abschwächen. Zudem macht sie Fett besser verdaulich.

- Ein hoher Alkoholgehalt des Weins verstärkt sowohl Süße als auch Würze und Schärfe des Gerichts und macht Fett besser verdaulich. Ein niedriger Alkoholgehalt lässt die Säure im Gericht stärker hervortreten.

- Salz verstärkt die Aroma- und Bitterstoffe und auch die Süße – sowohl in der Speise als auch im Wein.

- Bitterstoffe im Wein (in Form von Tanninen) verringern die Süße im Gericht und helfen bei der Fettverdauung.

- Röststoffe (ob in der Speise durch scharfes Anbraten oder im Wein durch Holzfassausbau) harmonisieren die Süße und mäßigen die Säure.

- Kohlensäure (im Perl- oder Schaumwein) dämpft die Süße der Speise; gleichzeitig wirken Schaumweine in Verbindung mit Essen oft süßer, als sie tatsächlich sind.

Wein und Wasser - ein unschlagbares Duo

Wein und Wasser gehören zusammen. Nicht nur, weil Wein selbst zu rund 80 Prozent aus Wasser besteht. Um den unangenehmen Folgen übermäßigen Alkoholkonsums (vulgo: dem Kater) vorzubeugen, empfiehlt es sich, mindestens ebenso viel Wasser wie Wein zu trinken – sei es beim Essen oder beim Weingenuss solo.

Nach Angaben des Statistischen Bundesamts tranken die Deutschen im Jahr 2017 durchschnittlich über 144 Liter Mineralwasser pro Kopf. Damit zählt Mineralwasser – ob still, sanft, medium oder klassisch sprudelnd – zu den beliebtesten Getränken in Deutschland.

Natürliches Mineralwasser ist das einzige hierzulande amtlich anerkannte Lebensmittel und wird gesetzlich definiert durch die Mineral- und Tafelwasser-Verordnung (MTVO).

Das Mineralwasser

Natürliches Mineralwasser ist die höchste Qualitätsstufe des Trinkwassers in Deutschland und stammt aus unterirdischen, vor Verunreinigungen geschützten Quellen. Laut Gesetz ist es von ursprünglicher Reinheit und enthält Mineralien und Spurenelemente. Darüber hinaus hat es bestimmte ernährungsphysiologische Wirkungen.

Entstanden ist natürliches Mineralwasser aus Regenwasser, das in den Untergrund versickert ist. Auf dem Weg durch die unterschiedlichen Gesteinsschichten wurde es gefiltert und gereinigt und nahm beim langsamen Durchfließen des Gesteins Mineralien, Spurenelemente und Kohlensäure auf. Um die ursprüngliche Reinheit bis zum Öffnen der Flasche zu bewahren, muss Mineralwasser direkt an der Quelle abgefüllt werden. Zuvor darf der Kohlensäuregehalt durch Entzug oder Zugabe angepasst und können Eisen und Schwefel entzogen werden („enteisent" bzw. „entschwefelt"). Jedes Mineralwasser hat seinen eigenen, individuellen Geschmack – abhängig davon, welche Boden- und Gesteinsarten es durchlaufen hat.

Beim Wasser entscheiden Mineralien- und Kohlesäuregehalt

Für ein möglichst vollkommenes Genusserlebnis sollte man daher darauf achten, welches Wasser man zu welchem Wein wählt – genauso wie man darauf achtet, welchen Wein man zu welcher Speise reicht. Denn alle drei Komponenten beeinflussen sich sensorisch gegenseitig. In der gehobenen Gastronomie ist bereits seit Langem bekannt, dass das Mineralwasser einen erheblichen Einfluss auf das Geschmackserlebnis hat, und in Abhängigkeit von seiner Mineralisierung und seinem Kohlensäuregehalt beeinflusst jedes Wasser die Speisen und Weine, zu denen es getrunken wird, individuell.

Die „Generation Riesling", das Deutsche Weininstitut (DWI) und die Sommelier Union Deutschland empfehlen das natürliche Mineralwasser aus Selters an der Lahn zum Weingenuss, das so heißt wie sein Herkunftsort. Selters zeichnet sich aus ernährungsphysiologischer Sicht durch eine besonders ausgewogene Mineralisierung aus, und bereits der Volksmund kennt den Ausspruch „Sekt oder Selters".

Auf seinem langen Weg durch tiefe Gesteinsschichten bildete sich ein so balanciertes Verhältnis an Mineralien aus, dass keine mineralische Komponente unangenehm in den Vordergrund tritt.

So wird Selters – verbunden mit unterschiedlichen Kohlensäuregehalten (Karbonisierung) – mit seinen Varianten Classic (prickelnd), Medium (fein perlend) und Naturell (still) zu einem besonders vielseitigen, harmonischen Wein- und Speisebegleiter, gerade auch in deren Kombination.

Das harmonische Zusammenwirken der relevanten Geschmacksfaktoren wurde 2009 und 2014 auch durch Studien des Instituts für Getränketechnologie an der Hochschule Geisenheim University wissenschaftlich bestätigt.

Über einen Zeitraum von acht Monaten wurde Selters zusammen mit 15 weiteren in der gehobenen europäischen Gastronomie angebotenen Mineralwässern in 58 Verkostungssitzungen mit über 4.500 Einzelproben verdeckt bewertet. An den Untersuchungen waren mehr als 100 sensorisch geschulte Testpersonen – Doktoranden, Oenologen, Sommeliers, Fachstudenten, Getränke- und Lebensmitteltechnologen aus 14 Weinbauländern der Erde – beteiligt. Die Ergebnisse zeigten, dass Selters als Weinbegleiter das Geschmackserlebnis des Weins intensiviert und auch die feinsten Aromen hochwertiger Weine bewahrt.

Selters betont in allen drei Varianten, richtig eingesetzt, den individuellen Charakter des Weins, revitalisiert die Geschmacksknospen und steigert so den Genuss. Besonders durch seinen ausgeprägten Hydrogencarbonat-Anteil bietet sich Selters als basischer Ausgleich zum von Natur aus säuregeprägten Wein an und stabilisiert das Säure-Base-Gleichgewicht im Blut.

Mit seiner individuell reichen Mineralisierung ergänzt Selters die positiven Auswirkungen des Weins auf den menschlichen Organismus und gleicht die dehydrierende Wirkung des Alkohols im Wein aus, so dass der Flüssigkeitshaushalt stabilisiert und das Wohlbefinden unterstützt wird. Daher wird empfohlen, stets die doppelte Menge Selters im Vergleich zum Wein zu trinken.

WECHSELWIRKUNGEN ZWISCHEN SPEISE, WEIN UND WASSER

In diesem Sinne lassen sich am Beispiel Selters die Wechselwirkungen von Mineralwasser in unterschiedlichen Karbonisierungs- und Mineralisierungsvarianten mit Weinen und Speisen darstellen. Dabei kann das Wasser zwar keine unversöhnlichen Aromen zusammenführen, aber den Geschmack des Weins und/oder der Speise hervorheben und akzentuieren und das Erleben harmonischer Geschmackskompositionen genussreich unterstützen. Die Wahl des „falschen" Mineralwassers kann dagegen die Stilistik des Weins verändern oder unterdrücken.

Für die Kombination
von Wein und Wasser gilt zunächst:

- Zu den meisten trockenen Weißweinen mit ausgeprägter Säure und mineralischen Noten sowie zu leichten Rotweinen passt am besten ein fein perlendes Mineralwasser (Selters Medium).

- Zu kraftvollen, körperreichen, bspw. im Barrique ausgebauten Weiß- und Rotweinen mit hohem Tanningehalt empfiehlt sich am besten ein stilles Mineralwasser (Selters Naturell).

- Lieblich ausgebaute und insbesondere edelsüße Weine werden am besten von einem prickelnden Mineralwasser (Selters Classic) begleitet.

In der Kombination mit Speisen
ergeben sich folgende Empfehlungen:

- Leichte Speisen, die dezent gewürzt sind und wenig Fett haben, verlangen ausgewogene, trockene Weine und werden am besten von fein perlendem oder stillem Mineralwasser (Selters Medium oder Selters Naturell) begleitet.

- Zu salzigen Speisen passen säurebetonte, eher trockene Weine und fein perlendes Mineralwasser (Selters Medium).

- Kräftige, würzige Speisen harmonieren gut mit bukettbetonten, säurearmen Weinen und fein perlendem Mineralwasser (Selters Medium).

- Scharfe Speisen brauchen bukettbetonte, säurearme, gern auch etwas restsüße Weine und Mineralwasser mit wenig Kohlensäure (Selters Medium).

- Zu säurebetonten Gerichten sind mineralische, dezent restsüße, eher gehaltvolle Weine die richtige Wahl; dazu passt ein stilles Mineralwasser (Selters Naturell).

- Herbe Speisen mit Röst- und Bitterstoffen vertragen sich gut mit fruchtbetonten, und durchaus auch restsüßen Weinen sowie fein perlendem Mineralwasser (Selters Medium).

- Zu fetthaltigen Speisen empfehlen sich gehaltvolle (alkoholstarke), körperreiche, säure- und/oder tanninbetonte, auch dezent restsüße Weine sowie stilles Mineralwasser (Selters Naturell).

- Süße Speisen mögen am liebsten fruchtbetonte, rest- oder edelsüße Weine, und als erfrischender Begleiter bietet sich Mineralwasser mit deutlicher Kohlensäure (Selters Naturell) an.

183

Ob nun also ein leicht perlendes Selters Medium zu trockenen Weißweinen mit mineralischer Note oder zu leichten Rotweinen, ein klassisch prickelndes Selters Classic zu edelsüßen Weinen oder ein stilles Selters Naturell zu säurebetonten Weiß- oder körperreichen Rotweinen – das Mineralwasser aus Selters an der Lahn kann für die elegante Abrundung des Genusserlebnisses sorgen.

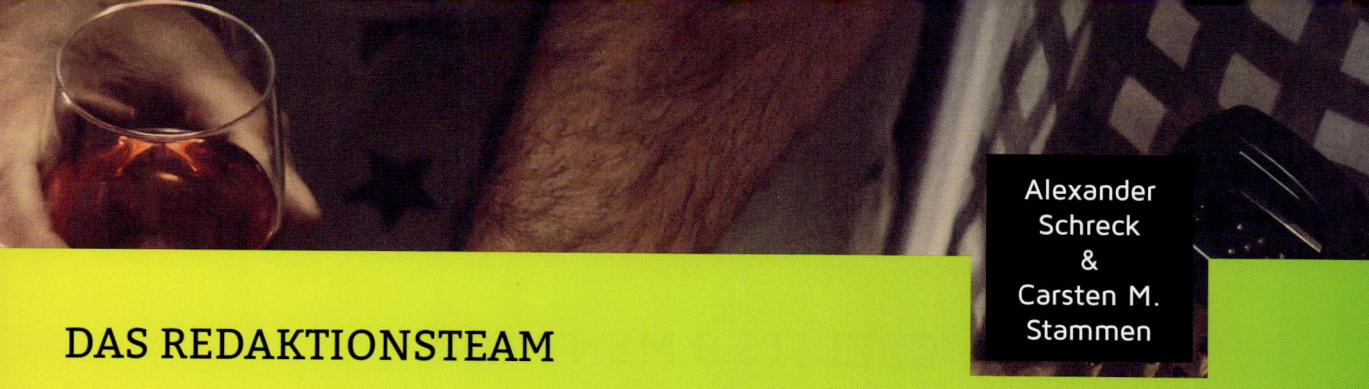

DAS REDAKTIONSTEAM

Alexander Schreck

ist Markenexperte mit Schwerpunkt neue Medien und beschäftigt sich seit über zehn Jahren mit der Psychologie und Kommunikation im Bereich Marketing und Vertrieb. Der Betriebswirt arbeitet in seinem Netzwerk seit Jahren eng mit Weinerzeugern, Weinhändlern und Medienexperten zusammen und ist Geschäftsführer der Wein-Plus Solutions GmbH sowie der Agentur WeinKommunikatoren, die Weinproduzenten und Verbände berät. In dieser Eigenschaft ist er auch als Dozent für das Deutsche Weininstitut und andere Organisationen tätig. Die erste Ausgabe des Buchs „So kochen junge Winzer", die Schreck 2016 zusammen mit Carsten M. Stammen und Armin Dörr herausgab, wurde mit dem „Gourmand World Cookbook Award 2017" als bestes deutsches Weinbuch ausgezeichnet. Weitere Bücher von Alexander Schreck sind „Wine Entrepreneurs – Die Macher der Weinbranche" (erschienen 2015, nominiert für den Gourmand-Award „Best Wine Book for Professionals") und „Weinmarketing – Das Praxishandbuch" (erschienen 2013, prämiert mit dem Gourmand-Award „Best Wine Book for Professionals"). Er lebt in München.

Carsten M. Stammen

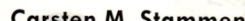

ist als freier Fachjournalist, Texter, Autor und Dozent auf die Themenschwerpunkte Wein, Gastgewerbe und Dienstleistungen spezialisiert. Nach einer gastronomischen Ausbildung und dem Studium der Tourismusbetriebswirtschaft arbeitete er mehr als zehn Jahre in den Bereichen Kommunikation, PR und Weiterbildung. Er ist als Online-Redakteur und Verkoster beim Internet-Weinhandel Vicampo.de tätig und war zuvor Redaktionsmanager und Verkoster beim europäischen Weinnetzwerk Wein-Plus. Daneben bloggt er auf seiner Internetseite vinolog. de und vermittelt Weinwissen in Vorträgen, Degustationen und Seminaren; zu seinen Auftraggebern zählen die Deutsche Hotelakademie und die IHK Nordschwarzwald. Stammen wirkte bereits als Autor an der ersten Ausgabe von „So kochen junge Winzer" und an „Wine Entrepreneurs – Die Macher der Weinbranche" sowie als Redakteur an „Weinmarketing – Das Praxishandbuch" mit. Er lebt in der Nähe von Frankfurt am Main.

CREDITS & MENTIONS

Alle Fotos wurden vom jeweiligen Weingut zur Verfügung gestellt. Soweit nicht anders angegeben, unterliegen alle Fotos dem Urheberrecht des Weinguts.

edition graafmann & schreck
Wein-Plus Solutions GmbH, Erlangen
Herausgeber
Alexander Schreck
Redaktion
Carsten M. Stammen, Alexander Schreck
Foodfotografie
© Alexander Schreck, Jola Kuleszyńska
Gestaltung & Flaschenfotografie
Nicole Effendy, designvorsprung.de

Mit freundlicher Unterstützung der
GENERATION RIESLING
www.generation-riesling.de

Der kulinarische Dreiklang: Speise, Wein und Wasser:
Mit freundlicher Unterstützung von

BILDNACHWEIS
Titelbild
shutterstock von oneinchpunch
Seite 2/3 shutterstock © Alexander Raths
Seite 178/179 shutterstock © Andrey Bayda
Seite 184/185 shutterstock © simona pilolla 2
Seite 190/191 © Wine in Moderation

Weingut K-J Thul Seite 43
mit freundlicher Genehmigung von Astrid Paul
www.arthurstochterkochtblog.com

Kartenmaterial und Fotos der Weinregionen
mit freundlicher Genehmigung des Deutschen Weininstituts
www.deutscheweine.de

Zweitauflage 2018, Erstauflage 2016

IMPRESSUM

**Bibliografische Information
der Deutschen Nationalbibliothek**
Die Deutsche Nationalbibliothek verzeichnet diese Publikation in der
Deutschen Nationalbibliografie; detaillierte bibliografische Daten
sind im Internet über dnb.d-nb.de abrufbar.

ISBN: 978-3-945870-03-7

Index
der Weingüter von A-Z

Index
der Weingüter von A-Z

Informationen zum verantwortungsbewussten Weinkonsum

Wein steht für ein Genussgut mit hohem Kulturwert. Dies begründet sein gutes Image ebenso wie die Tatsache, dass er weniger missbräuchlich konsumiert wird. Damit das auch so bleibt, engagiert sich die europäische Weinbranche in der gemeinsamen Initiative „Wine in Moderation" für den verantwortungsvollen moderaten Umgang mit Wein. Moderat – mit Maß und Stil – das ist die Botschaft!

Das „Wine in Moderation"-Programm beinhaltet die weinspezifische Kommunikation über gesundheitliche Vorzüge bei moderatem Konsum und die Risiken bei übermäßigem Gebrauch. Die Deutsche Weinakademie (DWA) ist verantwortlich für die Umsetzung des europäischen Programms in Deutschland.

WINE IN MODERATION... GENUSS PUR

GENERATION
RIESLING